# FERNANDO PAES NASCIMENTO

**Projetos de ERPs e Pessoas**

# UMA PROPOSTA METODOLÓGICA PARA IMPLANTAÇÃO DE UM ERP ORIENTADA À GESTÃO DE MUDANÇAS

**DEDICATÓRIA**

A minha mãe, meu irmão, minha esposa, e meus filhos Natália, Fernandinho e Amanda, que tornam os meus dias mais felizes e por quem sempre busco ser alguém melhor.

# AGRADECIMENTOS

A minha mãe, Maria Brasil, que apesar das dificuldades e da ausência do meu pai, que nos deixou quando eu tinha apenas um mês de vida, soube ser forte e encaminhar a mim e ao meu irmão, dando-nos educação, amor e caráter para conseguirmos correr atrás de nossos objetivos... À senhora, não tenho palavras e nunca terei para descrever o quanto a amo, sou e sempre serei grato.

Ao meu querido irmão Tales Paes Ronda, que sempre fez parte da minha vida, e que tem seguido uma bela carreira profissional, que tenho certeza, que será repleta de muitas realizações. Obrigado pelo incentivo!

Aos meus filhos Natália, Fernandinho e Amanda, que são as razões pelas quais eu durmo e acordo todos os dias com uma enorme vontade de poder acordar muitos e muitos outros dias.

A minha esposa Aline, meu suporte e minha luz.

A toda a minha família, no sentindo amplo da palavra, a quem eu amo e sempre desejarei estar próximo.

A todos os professores, professoras e instituições de ensino que estiveram presentes na minha vida, desde o Jardim de Infância, até os momentos atuais, por terem participado da construção da minha educação e terem sido importantes, na formação de meu caráter.

## SOBRE O AUTOR

Fernando Paes Nascimento é Doutorando em Engenharia e Gestão do Conhecimento pela Universidade Federal de Santa Catarina – UFSC, Mestre em Administração com Ênfase em Estratégia Empresarial pela Universidade do Estado de Santa Catarina - UDESC/ESAG, Especialista em Gerenciamento de Projetos pela FGV, Especialista em Gestão Estratégica da Tecnologia da Informação pela FGV, Especialista em Administração Global pela ESAG/Universidade Independente de Lisboa, Especialista em Metodologia do Ensino Superior e Metodologia de Pesquisa e Extensão pela Fundação Getulio Vargas.

Como professor de cursos de Pós Graduação e MBAs, atua com a Fundação Getulio Vargas, SOCIESC, UDESC/ESAG, SENAC, SENAI, Faculdades São Lucas, dentre outras renomadas instituições, onde ministra módulos relacionados a Gestão de TI e Gestão de Projetos desde 2001. Em 2012, foi premiado pela FGV como o melhor professor de Gerenciamento de Projetos da Instituição no Brasil.

Como CEO da NBUSINESS, empresa de prestação de serviços com foco em Treinamentos e Consultoria em Gestão, atua em parcerias estratégicas, em projetos de todos os portes, com modelagem de processos, planejamento estratégico empresarial, projetos de Implantação de ERP, CRM, Automação da Força de Vendas, Planejamento e Gestão de Projetos e Gestão de Mudança, tendo trabalhado em empresas como Portobello S/A, Eliane, Brasil Telecom, Lojas Renner, Grupo Avipal, Furukawa, Day Brasil, Prefeitura de Joinville, Ferramentas Gerais, Grupo SLC, UNIVALI, Alcoa, Rede Man Latin American, dentre outras.

Assessora e ministra treinamentos in company para empresas de diferentes portes e segmentos na área de Gestão de Projetos e ministra palestras para organizações como FGV, ACAV e MAN Latin American.

# APRESENTAÇÃO

Este livro é um estudo a respeito do processo de introdução de um Sistema de Gestão Integrado – *Enterprise Resource Planning* (ERP) nas organizações, dos principais problemas que ocorrem durante a internalização destes aplicativos, e do efeito que estes projetos geram no ambiente organizacional. Buscando minimizar as resistências geradas nas pessoas afetadas diretas ou indiretamente com os resultados do ERP, principalmente com a mudança nos processos de negócio, foi desenvolvida uma pesquisa para entender quais os principais problemas que ocorrem durante o processo de introdução de um Sistema de Gestão Integrado nas Organizações, por que e de que forma estes são disparados e quais os efeitos que estes causam na organização de um modo geral. A partir desta pesquisa, foi proposta uma metodologia de implantação de ERP, com uma abordagem direcionada para considerar o fator humano e trabalhar o processo de mudança, evitando que o projeto tenha uma abordagem única e exclusivamente tecnicista e leve em consideração a necessidade de envolver e trabalhar as pessoas e áreas da organização, aumentando as chances de sucesso do projeto e minimizando riscos relacionados à resistência a mudança e boicotes internos.

# LISTA DE FIGURAS

# Sumário

# 1 INTRODUÇÃO

A acirrada competição que se instaura no mundo globalizado, tem obrigado as organizações a buscar alternativas e modelos para sobreviver e crescer, fazendo frente, por vezes, a empresas mais ágeis, mais dinâmicas e, sobretudo, mais efetivas (Kerzner, 2000).

Neste cenário, desponta a Tecnologia da Informação como uma solução para viabilizar este novo modelo de empresa. Esta tecnologia é materializada através de ferramentas, que podem ser simples, para atender necessidades pontuais, ou extremamente complexas, que, ao serem implementadas, literalmente viram a organização "de pernas para o ar", como os ERPs (*Enterprise Resource Planning*).

A implantação de um ERP via de regra não é fácil em função principalmente de sua abrangência e dos custos envolvidos. Mas os fatores determinantes do sucesso, nem sempre são de ordem técnica, apesar dos projetos de Implantação de ERPs, com algumas exceções, serem tratados pura e simplesmente como projetos de Informática.

A entrada de um ERP pode impactar em mudanças na organização, seja na maneira como os processos são executados, na criação, eliminação ou alteração de processos, seja na própria estrutura da Organização.

Segundo Davenport (1990), como os Projetos de ERPs permeiam todas as áreas da organização e, normalmente vêm para substituir alguma tecnologia que já é utilizada e de conhecimento de todos, é muito forte a resistência de grande parte dos colaboradores.

Davenport (1990) afirma ainda que outro fator complicador é o fato destes projetos serem conduzidos, quase sempre, por pessoas extremamente técnicas, sendo que geralmente pontos importantes são omitidos.

Para potencializar as chances de sucesso, há que se criar condições para a implantação destes projetos. Além da tecnologia, há que se trabalhar os processos e também as pessoas.

Quanto às implementações dos ERPs, Bingi, Sharma e Godla (1999) afirmam que a mesma "causa mudanças maciças nas organizações, e devem ser cuidadosamente gerenciadas para que os benefícios possam ser obtidos". Os autores relatam alguns casos de implementações mal sucedidas, onde os projetos foram interrompidos, causando grandes prejuízos às empresas. Segundo os autores, "uma boa preparação antes da implementação é chave para o seu sucesso".

Neste contexto, frente às diversas experiências de implantações mal sucedidas, e as metodologias que vem sendo empregadas para o processo de implantação, é importante que se faça um questionamento: como implementar um ERP orientado à Gestão da Mudança de modo a minimizar o impacto durante o processo de implantação aumentando as chances de sucesso?

## 1.1 OBJETIVOS

A seguir é apresentado o objetivo geral deste livro, bem como os objetivos específicos necessários para atingi-lo.

### 1.1.1 Geral

O objetivo geral deste livro é propor uma metodologia de implantação de ERP orientada à Gestão da Mudança que minimize o impacto durante o processo de implantação aumente suas chances de sucesso de projetos desta natureza.

### 1.1.2 Específicos

Para se atingir o objetivo proposto é necessário atingir-se os seguintes objetivos específicos:

- Analisar de que forma as metodologias de implementações mais difundidas abordam os aspectos relacionados ao processo de gestão da mudança;
- Analisar os efeitos que a entrada de um ERP causa nos indivíduos da Organização;
- Verificar se existe alguma relação do processo de Resistência à Mudança com a abordagem clássica das implantações;

- Verificar a relação entre a ausência de informações aos indivíduos da organização e o processo de Resistência em Projetos de ERP;
- Propor um modelo de implementação que contemple estas características;
- Validar o modelo através de estudos de caso.

## 1.2 JUSTIFICATIVA

Para implantar um ERP ainda é necessário realizar um investimento alto. O investimento é subdividido em Licenças de Uso do Produto, *Hardware* e Consultoria de Implantação.

Dentre as muitas formas como um projeto pode ser negociado, duas formas que merecem destaque são: Projetos com Preço Fechado baseado em estimativa de esforço da Consultoria de Implantação e Projeto onde a Consultoria de Implantação é Contratada por Hora de Alocação.

Em qualquer um dos cenários, problemas no processo de implantação têm impacto direto nos custos do projeto. Uma empresa que, para ser mais competitiva, busca reduzir custos através da adoção de tecnologia de ponta, não pode correr o risco de ver o seu projeto atrasado em função de problemas de implantação.

Este livro visa desenvolver um estudo para fornecer subsídios que possam vir a serem usados como referência ou fontes de consulta para orientar os projetos de implantação de ERPs, focados no processo de internalização na organização.

Do ponto de vista pessoal, este autor, como consultor de implantação de sistemas, viu a necessidade de elaborar e documentar uma abordagem com este foco.

## 1.3 ORGANIZAÇÃO DO LIVRO

Este livro está organizado em capítulos, de acordo com uma seqüência lógica, de modo a permitir uma exposição didática e conseqüentemente uma compreensão adequada do estudo realizado e da metodologia proposta.

Neste primeiro capítulo é feita uma introdução, abordando o objetivo geral e os objetivos específicos, bem como a justificativa e a organização do trabalho, para que se tenha uma idéia de sua estruturação.

O segundo capítulo dá a fundamentação teórica de Sistemas de Informação, conceituando ERP, apresentando suas principais características e mostrando como ocorre o processo de implantação. Este capítulo também aborda Gestão de Mudança, conceituando e discutindo como ocorre o processo.

A Metodologia de Pesquisa, apresentada no terceiro capítulo, detalha a metodologia utilizada, desde os instrumentos aplicados para coleta de dados até os instrumentos para análise e conclusões.

No capítulo quatro, é realizada uma análise do Efeito que os ERP causam nos Indivíduos da Organização durante o Processo de Implantação destes projetos, tanto do ponto de vista conceitual como da observação do autor.

O capítulo cinco apresenta a metodologia proposta, analisando a aplicação desta e os resultados obtidos nos casos pesquisados.

No capítulo seis, são apresentadas as conclusões referentes ao estudo realizado por meio deste trabalho de pesquisa.

# 2 FUNDAMENTAÇÃO TEÓRICA

Este capítulo fornecerá a fundamentação teórica necessária à sustentação do estudo desenvolvido. Serão buscados fundamentos para compreender os conceitos referentes a Sistemas de ERP, Cultura Organizacional e Gestão de Mudanças.

Antes de abordar os ERP, é necessário buscar um entendimento sobre Sistemas de Informação. Segundo Laudon e Laudon sistemas de informação (SI) podem ser definidos como um conjunto de componentes inter-relacionados, que coletam (ou recuperam), processam, armazenam e distribuem informação com a finalidade de dar suporte à tomada de decisões e controle em uma organização. Os sistemas de informação podem apoiar gerentes e trabalhadores a analisar problemas, a visualizar questões complexas e a criar novos produtos.

Numa perspectiva de gestão, os sistemas de informação podem ser definidos como "uma solução organizacional e gerencial, baseada em tecnologia da informação, em resposta a um desafio apresentado pelo meio ambiente". Esta definição enfatiza o papel da organização como um todo no planejamento de sistemas de informação, como solução ou parte de solução de um problema real, imposto pelo ambiente em que a empresa trabalha e qual ela está inserido. Neste contexto estão inseridos os ERP (*enterprise resource planning*).

## 2.1 SISTEMAS DE ERP

Sistemas ERP (*enterprise resource planning*) podem ser definidos como sistemas de informação integrados ou Sistemas de Gestão Integrados, adquiridos na forma de um pacote de software comercial, com a finalidade de dar suporte à maioria das operações de uma empresa. Normalmente são divididos em módulos (modulares) que se comunicam e atualizam uma mesma base de dados, de modo que informações alimentadas em um módulo são disponibilizadas para os demais módulos que delas dependam. Tais aplicativos permitem a utilização de ferramentas de planejamento que podem realizar análise de impacto no processo decisório das diversas áreas de Negócio de uma empresa, tais como Suprimentos, Manufatura, Finanças ou Recursos Humanos.

O ERP foi desenvolvido a partir de indústrias de manufatura. Para um melhor entendimento, é o uso de pacotes de software ao invés de sistemas desenvolvidos internamente. Seus módulos podem ser capazes de interagir com outros aplicativos da organização, com grau de dificuldade variável. Dependendo do fornecedor, os ERPs podem ser alterados (customizados) através de programação.

Segundo a Deloitte Consulting (1998), ERP é "um pacote de software de negócios que permite a uma companhia automatizar e integrar a maioria de seus processos de negócio, compartilhar práticas e dados comuns através de toda a empresa e produzir a acessar informações em um ambiente de tempo real".

A sigla ERP nasceu em uma empresa americana de pesquisa, o Gartner Group. O Gartner queria definir esses sistemas integrados como uma evolução dos sistemas MRP II (*manufacturing resource planning*, ou planejamento dos recursos de produção).

Via de regra, os ERPs são considerados uma evolução do modelo MRP II, à medida que permitem controlar os demais recursos empresariais (recursos financeiros, humanos indiretos, vendas, distribuição etc.).

O ERP está essencialmente ligado a garantir que as decisões de manufatura de uma empresa não sejam feitas sem levar em consideração seus impactos sobre a cadeia de fornecimento, tanto para frente como para trás.

Nesta mesma linha, as decisões corporativas, como, por exemplo, a de produção, são afetadas e afetam as diversas outras áreas da empresa, incluindo a contabilidade, engenharia e marketing. Visando melhores decisões é importante levar em consideração todas estas integrações dentro da organização. O aplicativo é o meio para conseguir esta integração dos processos de decisão.

Por meio desses sistemas é possível imaginar uma empresa com alto grau de integração, recebendo pedidos de forma eletrônica, processando as informações e gerando listas de material, planejando o seqüenciamento da produção de forma automática e de maneira otimizada, levando em consideração outros pedidos em andamento, quantidades em estoque, pedidos de compra já colocados e possíveis problemas de produção. Após a fabricação dos produtos, estes são automaticamente distribuídos para os depósitos de maneira a otimizar a relação custo e ciclo de atendimento ao cliente. Durante o processo, as transações de compras, produção, movimentação de material, vendas, distribuição e contabilidade seriam atualizadas de forma contínua e a alta direção está sempre a par do processo, com visibilidade sobre o mesmo. A idéia central do modelo é o total controle sobre toda a cadeia de valores. O termo ERP refere-se essencialmente a pacotes comprados. Dentre os principais fornecedores de sistemas ERP no mercado, despontam no cenário global a gigante americana Oracle e a igualmente gigante alemã SAP. No cenário nacional, desponta a TOTVS, formada pela união da DATASUL, LOGOCENTER, MICROSIGA e RM.

## 2.1.1 Características dos ERPs

Sistemas ERP possuem várias características que tomadas em conjunto os distinguem dos sistemas desenvolvidos internamente nas empresas e de outros tipos de pacotes comerciais. Tais características, importantes para a análise dos possíveis benefícios e dificuldades relacionados com a sua utilização e com os aspectos pertinentes ao sucesso de sua implantação, são:
   a) Os sistemas ERP são pacotes comerciais de software;
   b) Os sistemas ERP são desenvolvidos a partir de modelos-padrão de processos;
   c) Os sistemas ERP são integrados;
   d) Os sistemas ERP têm grande abrangência funcional;
   e) Os sistemas ERP utilizam um banco de dados corporativo;
   f) Os sistemas ERP requerem procedimentos de ajuste.

Aplicativos de ERP são pacotes comerciais de *software*. A idéia essencial da utilização dos ERPs é resolver dois dos grandes problemas que ocorrem na construção de sistemas através dos métodos tradicionais: o não cumprimento de prazos e de orçamentos. Martin (1989) alega que muito já se escreveu sobre o que há de errado com o processamento de dados, existindo um longo histórico. O desenvolvimento de sistemas toma muito tempo e seu custo é muito alto. Segundo Gibbs (1994), em média, os projetos de desenvolvimento de *software* ultrapassam o cronograma em 50%. Projetos maiores geralmente ultrapassam mais.

Inúmeras alternativas têm sido utilizadas para tentar resolver esse problema, tais como o uso de novas metodologias de desenvolvimento, a prototipação, a utilização de ferramentas CASE (*Computer-Aided Software Engineering*) e as linguagens e metodologias orientadas a objeto que têm por objetivo permitir o "re-uso" de componentes de *software*. Dentre tais alternativas também está a utilização de ERPs. Brooks (1987) alega que uma solução radical para os problemas da construção de software é não construí-lo mais. Para o autor, o custo do *software* sempre foi o de desenvolvimento, não o de replicação. Sendo este custo dividido entre diversos usuários, mesmo que poucos, reduz-se radicalmente o custo por usuário.

Os sistemas ERP trazem modelos-padrão de processos de negócios. Processos de negócios podem ser entendidos como um conjunto de tarefas e procedimentos interdependentes realizados para alcançar um resultado empresarial. O desenvolvimento de um produto, o atendimento de uma solicitação de um cliente, ou a compra de novos materiais são exemplos de processos. Davenport (1990), afirma que uma das características dos processos de negócios é o fato de que eles normalmente atravessam fronteiras organizacionais, ou seja, as tarefas de um mesmo processo podem ser realizadas por diferentes departamentos em uma empresa.

Tal qual os demais pacotes comerciais, os sistemas ERP não são desenvolvidos para clientes específicos, procurando atender a requisitos genéricos do maior número possível de empresas, justamente para explorar o ganho de escala em seu desenvolvimento. Logo, para que possam ser construídos é necessário que incorporem modelos de processos de negócio, obtidos através da experiência acumulada pelas empresas fornecedoras em repetidos processos de implementação, ou elaborados por empresas de consultoria e pesquisa em processos de *benchmarking*.

Discorrendo a respeito do desenvolvimento do pacote R/3, Bancroft *et al.* (1998) alegam que "para criar o sistema os desenvolvedores da SAP recolheram os requisitos de diferentes empresas dentro de uma mesma indústria e os combinaram com resultados de estudos das principais empresas pesquisadas. Essa compilação virou a base para a elaboração de cada módulo dentro do R/3. Neste contexto, o termo melhores práticas [*best practices*] é usado para representar o sucesso dos processos de negócio padronizados implementados".

O termo *best practices* é bastante utilizado por fornecedores de sistemas ERP e consultores para designar tais modelos, mas é necessário cuidado quanto ao seu real significado. Ao mencionar o termo, Gartner Group (1998), por exemplo, refere-se a esses modelos-padrão de processos como *average practices* (práticas comuns). Já Davenport (1998) diz que no caso dos sistemas ERP é o fornecedor, e não o cliente, que define o que "melhor quer dizer" e também que em alguns casos os pressupostos do sistema podem ir realmente de encontro aos interesses da empresa. Mesmo tomando esse cuidado na definição do termo, é importante salientar o fato de que os sistemas ERP disponibilizam um "catálogo" de processos empresariais originado a partir de um complexo trabalho de pesquisa e experimentação. Tal catálogo, por si só, já pode ser interessante para as empresas. Em muitos casos estão inclusos nesse catálogo processos e funções que faziam parte dos planos de desenvolvimento interno dos sistemas da empresa, e que, por alguma razão, ainda não tinham sido implementados. A adoção de um sistema ERP passou a ser uma oportunidade para que estes processos fossem de fato incorporados aos sistemas da empresa.

Segundo Alsène (1999), há alguma confusão entre os termos "empresa integrada" e "sistemas integrados": o primeiro é um objetivo e o segundo é um meio para atingi-lo. O autor afirma que o objetivo final da integração da empresa por meio de sistemas informatizados é construir um todo empresarial coerente a partir das várias funções que se originam da divisão do trabalho nas empresas e não interconectar os sistemas informatizados existentes ou que serão implementados no futuro. Vale enfatizar que existe diferença entre os termos "empresa integrada por meio de sistemas informatizados" e "empresa integrada", pois este segundo objetivo pode ser alcançado por outros meios, além da utilização de sistemas informatizados. De forma genérica, os sistemas integrados podem ser caracterizados como sistemas que são utilizados em conjunto por membros de diferentes departamentos dentro de uma mesma empresa.

Os ERPs realmente integrados são construídos como um único sistema empresarial que atende aos diversos setores e áreas da empresa, em oposição a um conjunto de sistemas que atendem isoladamente a cada um deles. Entre as alternativas de integração oferecidas pelos ERPs estão o compartilhamento de informações comuns entre os diversos módulos, de modo que cada informação seja alimentada no sistema apenas uma vez, e a verificação cruzada de informações entre diferentes partes do sistema. Como exemplo, a verificação de notas fiscais de entrada, no recebimento, comparando-as com os dados de pedidos de compra e garantindo o recebimento destes somente com preços e quantidades corretos.

Uma outra possibilidade é o fornecimento instantâneo de informações, assim que os dados são alimentados no sistema, para todos os módulos que deles se utilizem. De acordo com Burch e Grudnitski (1989), a integração é um poderoso elemento na concepção da implantação dos sistemas de informação devido à grande necessidade de coordenação e sincronização de operações dentro e fora das organizações, e as organizações devem ser vistas como sistemas únicos, formados de partes interdependentes que resultam em um todo unificado. O objetivo dos sistemas integrados é fornecer um fluxo de informações em vários níveis e interdepartamental que possa dar suporte a essa interdependência.

Tomando como base os conceitos apresentados por Alsène (1999), vale enfatizar que o fato de um sistema ERP ser integrado não leva necessariamente à construção de uma empresa totalmente integrada. O sistema é apenas uma ferramenta para que este objetivo maior e mais complexo seja atingido. É importante também separar o termo "integração do sistema ERP" do termo "integração de aplicações" (application integration) e "integração interempresarial". O termo integração de aplicações se refere as possíveis customizações, desenvolvimentos e utilização de outros pacotes buscando a comunicação entre o sistema ERP e outros sistemas utilizados pela empresa, como os sistemas de suporte à decisão, CRM (*Customer Relationship Management*) e Automação de força de vendas. Embora integrados no todo da arquitetura de TI da empresa, não é uma integração nativa como no caso da observada internamente aos sistemas ERP. O termo integração interempresarial representa as eventuais customizações, desenvolvimentos e utilização de pacotes complementares para propiciar a conexão do ERP da empresa a sistemas de outras empresas, sejam elas fornecedoras, clientes, bancos, governo ou outros parceiros. O ERP centraliza o armazenamento das informações em um banco de dados corporativo, o que gera desafios organizacionais significativos para a empresa. No entanto, as dificuldades de implementação são em geral plenamente compensadas pelas vantagens que esta solução oferece. Este é um forte argumento de venda e aquisição de ERPs.

Os ERPs possuem grande abrangência funcional. Essa é uma das principais diferenças entre os sistemas ERP e os sistemas tradicionais: a ampla diversidade de funções empresariais atendidas a partir de suas funcionalidades. A idéia dos ERPs é cobrir o máximo possível de requisitos de negócio atendendo ao maior número possível de processos, sub processos e atividades dentro da cadeia de valor. Mesmo assim, existem pacotes especialmente desenvolvidos para o atendimento de determinadas funções empresariais que superam os ERPs no atendimento a essas funções. Como exemplo, podem-se observar os sistemas de planejamento de capacidade finita e gestão do ciclo de desenvolvimento de produtos, que possuem funcionalidades que não são cobertas por parte dos atuais sistemas ERP. A necessidade de utilização destes sistemas em muitos casos obriga o trabalho de construção de interfaces de comunicação entre os ERP e estes aplicativos que precisam das informações disponíveis na base central de dados dos ERPs para que possam atuar de forma integrada.

ERPs precisam de ajustes. A parametrização é o processo por meio do qual o sistema ERP é preparado para ser utilizada em uma determinada empresa. É pouco provável que um pacote vá atender exatamente aos requisitos da empresa, o que gera discrepâncias. Durante o processo de implantação, será discutido que a parametrização pode ser entendida como um processo de eliminação dessas discrepâncias, ou diferenças, entre o pacote e a empresa, moldando este para atender as necessidades do negócio.

### 2.1.2 Ciclo de vida

O ciclo de vida representa as inúmeras etapas pelas quais passa um projeto de desenvolvimento e utilização de sistemas de informação. Na sua forma tradicional o ciclo de vida inclui as etapas básicas de levantamento de requisitos do sistema, definição de escopo do projeto, análise de alternativas, projeto do sistema, codificação, testes, conversão de dados e manutenção. Um dos exemplos de modelos de ciclo de vida é o modelo *waterfall* ou linear, onde as etapas são executadas de maneira seqüencial uma única vez para cada sistema. Existe também o modelo de prototipação, no qual sucessivas repetições de todas as etapas vão refinando passo a passo o produto final até que ele esteja no ponto para ser implementado. O conceito de ciclo de vida também incorpora a idéia de que sistemas passam por várias fases de crescimento, evolução e declínio, e que ao final deste ciclo devem ser trocados por outros sistemas que possam melhor atender as demandas das empresas. O Quadro 1 mostra as fases do ciclo de vida tradicional.

- **Início**

  Pesquisa Preliminar

- **Estudo de Viabilidade**

  Análise dos Processos Existentes

  Análise das alternativas

  Estimativas de Custo

- **Análise do Sistema**

  Detalhamento dos Processos Existentes

- **Análise de Requisitos**

  Levantamento das Necessidades dos Usuários

  Definição do Escopo

- **Desenho**

  Desenho do Sistema Ideal

- **Especificações**

  Processos Lógicos

  Desenho de Tabelas

  Requisitos de Programação

  Definição de Procedimentos Manuais

- **Programação**

| |
|---|
| • **Testes** |
| • **Treinamento** |
| • **Conversão e Instalação** |
| • **Operação** |
|     Manutenção |
|     Melhorias |

Quadro 1 - Ciclo de vida de sistemas linear
Fonte: adaptado de Lucas (1985)

### 2.1.3 Ciclo de vida de pacotes comerciais de *software*

O ciclo de vida de ERPs deve ser considerado de maneira diferente dos sistemas tradicionais, pois não se trata efetivamente de um desenvolvimento interno de sistemas proprietários, mas, sim, da compra e adaptação de um aplicativo desenvolvido externamente de maneira genérica para atender a diversas empresas. A etapa de levantamento de requisitos, como exemplo, é diferente da fase de levantamento de requisitos tradicional. Nesta etapa, as funcionalidades e características de diversos produtos disponíveis no mercado devem ser apresentadas aos usuários das áreas de negócio para que se possa verificar a adequação destas aos processos da empresa. É a análise de aderência.

Carney (1998), ao comentar a respeito de sistemas desenvolvidos a partir de componentes comerciais, afirma que o método tradicional de definição de requisitos é direto: é feita a descrição do sistema desejado através de uma série de situações e regras que ele deve atender. No entanto, a definição de requisitos é diferente quando se adquire sistemas baseados em componentes comerciais: eles devem ser flexíveis o suficiente para que sejam parametrizados para atender as demandas das áreas de negócio. Carney conclui afirmando que no caso de ERPs ou os requisitos são estabelecidos a partir de sistemas existentes ou devem possuir flexibilidade suficiente para serem atendidos por algum produto disponível no mercado. Outra diferença importante apresentada por Carney está na etapa de testes onde o que se testa são as parametrizações efetuadas para atender as necessidades de negócio, e na fase de manutenção – suporte pós-implantação, onde o trabalho executado é o de fazer as atualizações do pacote na medida que são desenvolvidos e liberados pelo fornecedor do aplicativo.

Ao discutir o uso de ERPs como alternativa para o desenvolvimento de sistemas, Lucas (1985) propõe duas etapas: a aquisição, que contemplaria a seleção do fornecedor, e a implementação. Segundo Martin e McClure (1983), existem inúmeras considerações a serem feitas sobre a fase de aquisição, incluindo questões que devem guiar a decisão pela utilização de pacotes e uma discussão a respeito de cláusulas contratuais. Os autores não discutem a fase de implementação do pacote, mas abordam a fase de uso, falando sobre a possibilidade de dificuldades na manutenção após a implementação. Segundo Laudon e Laudon (1996) as fases de parametrização e customização de ERPs, análise do sistema, análise dos requisitos, desenho e programação fazem parte do ciclo de vida tradicional.

É feita também uma abordagem pelos autores da fase de manutenção dos ERPs, ressaltando os processos de correção de problemas, atualização e implementação de melhorias. As etapas mencionadas estão abertas no Quadro 2.

**Análise do Sistema**
Identificação do Problema
Análise dos Requisitos
Identificação dos possíveis fornecedores
Avaliação dos pacotes versus desenvolvimento interno
Seleção do pacote

**Desenho**
Adaptar os requisitos às características do pacote (mudança em procedimentos ou customização)
Treinamento do depto .de informática
Projeto das customizações
Projeto das mudanças em procedimentos

**Programação**
Instalação do pacote
Implementação das customizações
Desenho das interfaces
Documentação
Conversão
Teste
Treinamento dos usuários

**Operação**
Manutenção
Melhorias
Atualização

Quadro 2 - Ciclo de vida de pacotes comerciais
Fonte: adaptado de Laudon e Laudon (1996)

2.1.4  Implementação de sistemas de ERP - etapas

De acordo com Lozinsky (1996) a implementação de ERPs pode ser dividida em quatro etapas. Bancroft *et al.* (1998) sugerem 4 etapas semelhantes, acrescentando passos específicos para o sistema R/3. Essas fases e suas sub-etapas, que estão resumidas a seguir, com algumas adaptações, constituem a base para qualquer metodologia de implantação de ERPs.

**Fase 1 – Levantamento da Situação Atual (As-Is Picture)**
a)  Análise dos processos de negócio atuais
b)  Treinamento das equipes do projeto no pacote
c)  Levantamentos de aspectos específicos do negócio da empresa
d)  Planejamento da conversão de dados

**Fase 2 – Definição da Situação Desejada (To-Be Picture)**
a)  Preparação do ambiente para prototipação
b)  Prototipação
c)  Levantamento das discrepâncias e decisões a respeito de como serão eliminadas (através de mudanças no pacote por parametrização ou customização ou mudanças em procedimentos e controles da organização)
d)  Identificação das interfaces, com outros sistemas ou com os sistemas atuais, caso sejam necessárias
e)  Definição de níveis de acesso, segurança e controle

**Fase 3 – Configuração, Customização, Testes**
a)  Programação das customizações planejadas
b)  Programação das interfaces e programas de conversão
c)  Desenvolvimento dos novos procedimentos e controles

d) Testes por módulo e testes integrados

e) Treinamento dos usuários finais

### Fase 4 – Início da Operação (Going-Live/Go Live)

a) Preparação do ambiente de processamento final

b) Definição do plano para início da operação

c) Migração dos dados

d) Início da operação (conversão, "virada", ou "go-live")

Segundo os autores, as fases 1, 2 e 3 e suas sub-etapas não podem ser consideradas como uma seqüência rígida e pré-definida de etapas que ocorrem apenas uma vez, uma vez que os projetos de ERPs são dinâmicos. Algumas fases podem ocorrer de forma paralela, em uma mesma ou em diferentes equipes de projeto e os resultados de cada uma das etapas alimentam qualquer uma das demais etapas, da mesma equipe ou de outras equipes.

A prototipação é o nome dado ao processo no qual os usuários "modelam" os processos de negócio no sistema e realizam testes diversos buscando identificar problemas não previstos, necessidades de configuração em outros módulos relacionados, problemas de integração, etc. Esta etapa é parte do processo de aprendizagem e conhecimento da solução. O termo prototipação é empregado porque os usuários constroem modelos, ou protótipos, do futuro sistema durante esse processo. Este termo não tem relação com o termo prototipação empregado como metodologia de desenvolvimento de sistemas, embora a natureza iterativa esteja presente nos dois casos.

O plano para o início da operação deve definir a estratégia que será utilizada para "desligar" um sistema e colocar o outro em produção. Segundo Lozinsky (1996) as seguintes estratégias podem ser utilizadas: conversão direta e processamento paralelo. Na conversão direta desativa-se o sistema anterior e ativa-se o sistema atual no mesmo momento. O risco a ser avaliado nessa estratégia é "parar a empresa" em caso de problemas de implantação. O processamento paralelo pressupõe que as informações sejam lançadas em paralelo por um período de tempo nos dois sistemas, até que haja segurança na utilização do sistema novo. Mesmo o risco sendo menor, existe uma dificuldade em manter dois sistemas funcionando em paralelo, tanto pelo trabalho dobrado que deverá ser feito pelos usuários como pelas diferenças entre os dois sistemas, uma vez que nos sistemas novos muitos procedimentos foram criados, eliminados ou modificados. O autor propõe três variações da estratégia de processamento paralelo que podem torná-la mais exeqüível: o piloto, o paralelo limitado e o paralelo retroativo. O piloto é a implementação do sistema em uma unidade de negócio ou localidade menor da empresa. O paralelo limitado é um teste do novo sistema que ocorre em paralelo à operação do sistema atual. Apenas uma parte dos dados do dia-a-dia é inserida no sistema e seus resultados são comparados aos do sistema atual.

Quando se julga que há segurança para o início da operação, "desliga-se" o sistema atual e "liga-se" o novo. No paralelo retroativo, digitam-se transações de um período anterior (mês ou semana) para os testes. Deve-se levar em consideração nessas últimas duas alternativas que mesmo que os resultados sejam corretos, e estejam de acordo com os do sistema anterior, alguns problemas só poderão ser percebidos no momento de operação da entrada em produção, tais como velocidades de realização das tarefas no dia-a-dia e real dependência de outros departamentos.

## 2.1.5 Implementação de sistemas de ERP - metodologias

De acordo com Davis (1994, p. 4), o desenvolvimento/Implementação de um sistema de informação começa pelo usuário, quando verifica a necessidade deste sistema, "como apoio na solução de um problema e aciona a área de Tecnologia da Informação da empresa, para o seu desenvolvimento/implementação".

Mesmo sendo este um procedimento normal, atualmente as empresas têm atuado de forma uma pouco diferente de modo que os sistemas não têm início, somente a partir da existência de um problema, mas também, para aproveitar uma oportunidade. Surge então o analista de negócios, que de acordo com Saviani (1996), é o responsável pelo alinhamento da tecnologia da informação com o business core e a visão estratégica da organização.

Quando ocorre a necessidade do desenvolvimento ou aquisição de um novo *software*, na verdade, já existe uma idéia inicial dos objetivos e metas a serem alcançadas e das necessidades a serem atendidas. O processo de levantamento junto aos usuários do sistema é um detalhamento e uma complementação destas informações e requisitos. É também uma forma de buscar a participação dos usuários no projeto, visando o seu comprometimento.

É fundamental que na definição dos objetivos e das informações de saída do sistema, seja feito, simultaneamente, uma análise de viabilidade, a respeito da existência de condições mínimas de infra-estrutura, bem como da possibilidade de obtenção dos dados necessários e se os usuários estão ou poderão ser preparados para participar do projeto de implantação do ERP.

Por fim, é necessário analisar se a estrutura formal da organização está de acordo com o fluxo de dados e informações pretendido. Cassarro (1999, p. 82), afirma que todo e qualquer sistema, por mais ineficientemente que tenha sido desenvolvido, poderá vir a ser implantado e proporcionar algum resultado "se os usuários envolvidos estiverem convencidos de que o mesmo é útil a eles e à empresa". Como contrapartida, por melhor que seja um sistema, ele estará fadado ao insucesso, se os usuários não derem o melhor de si durante o processo de implantação.

No processo de desenvolvimento de um sistema de informação deve-se levar em conta a estrutura da empresa e o tipo de gestão, para determinar o fluxo dos dados e das informações, bem como avaliar os níveis de acesso e a filosofia funcional do próprio sistema, haja vista que este deverá ser coerente com a filosofia funcional (maior ou menor centralização) e dos níveis de autoridade e responsabilidade da empresa. Ou seja, deve estar adequado a cultura da organização.

Em resumo, as principais metodologias de implantação de sistemas analisadas, de formas diferentes, apresentam uma estrutura semelhante:

a) **Definição da necessidade do sistema:** É o ponto de partida, o momento onde a organização diagnostica que existe um problema ou uma oportunidade e decide pela aquisição e implantação de um ERP.

b) **Definição do problema ou oportunidade:** É um ponto crítico na concepção do escopo preliminar do projeto de implantação, pois a sua correta identificação permite a definição adequada e uma delimitação efetiva do escopo do projeto. Segundo Davis (1994, p. 9), "uma definição do problema, mal entendida, praticamente garante que o sistema não vai resolvê-lo".

c) **Estudo de viabilidade:** Tem início a partir da solicitação do desenvolvimento do sistema, para a área de TI. É composto pelo levantamento das virtudes e deficiências do sistema atual, das necessidades de funções adicionais e dos objetivos a serem alcançados com o novo processo. Com base nestas informações são levantadas várias alternativas de solução, os recursos necessários para desenvolver cada uma delas e os custos e também é feita uma avaliação dos benefícios que serão obtidos com a implantação do sistema. Verificam-se então, quais são as alternativas viáveis e entre elas qual a mais adequada para a situação presente. Ao término desta etapa obtém-se a resposta à pergunta: Será que vale a pena desenvolver um sistema informatizado para resolver o problema levantado ou é mais interessante comprar um pacote?

d) **Análise do sistema:** É a determinação do que precisa ser feito para resolver o problema e atingir os objetivos desejados. Segundo Stair (1998, p. 314), "a ênfase geral da análise é coletar dados sobre o sistema atual e os requisitos do novo sistema". Como principal produto desta fase é gerada uma lista de requisitos, relacionamentos, fluxos de dados e informações.

e) **Projeto:** É a definição do que o sistema vai fazer e como vai fazer para resolver o problema e atingir o objetivo esperado: a arquitetura da solução. De acordo com Stair (1998), "os sistemas de informação devem ser projetados segundo duas dimensões: lógica e física". O projeto lógico descreve os requisitos funcionais e indica o que o sistema fará para atender os requisitos levantados na análise. O projeto lógico envolve a finalidade de cada elemento do sistema, sem considerar *software* e *hardware*.

O projeto físico especifica as características dos componentes do sistema (*software, hardware*, banco de dados, rede e telecomunicações) necessários para colocar o projeto lógico em ação.

f) **Implementação:** É a etapa onde o sistema de informação é fisicamente concebido. Nesta etapa são codificados os programas ou, no caso dos ERPs, escolhidos, adquiridos e instalados os *softwares;* atualizada a documentação; escolhido, adquirido e instalado o *hardware* e preparados e treinados os usuários do sistema.

g) **Testes:** A etapa de Testes é crítica para qualquer projeto de implantação de aplicativos. Os testes a serem efetuados, no sistema, são muito importantes para aumentar a percepção de viabilidade e a segurança e confiança dos usuários e equipe. Desta forma os testes devem ser amplos e irrestritos e, tanto o seu planejamento quanto a sua execução, devem ter a participação ativa dos usuários. De acordo com Stair (1998), é necessário testar cada um dos subsistemas de forma individual (testes unitários), o sistema como um todo (teste integrado), o sistema frente a um grande volume de dados (teste de volume), o novo sistema em relação aos demais sistemas da empresa (teste de integração) e executar os testes solicitados pelos usuários (teste de aceitação). Outra função da etapa de testes, além de verificar a exatidão do sistema, é avaliar a sua performance nas futuras condições de operação.

h) **Descrição de procedimentos:** É fundamental que o novo sistema entre em operação e que ao longo do projeto seja gerada toda a documentação de suporte, com os manuais de descrição dos procedimentos (manual do usuário) para apoiar os usuários no uso do aplicativo. Apesar da sua relevância é fácil verificar sistemas entrando em produção sem o seu manual ou com o manual já desatualizado, como é o caso dos ERPs, onde os manuais, em português ou no idioma de origem do sistema, se referem, normalmente, a uma versão anterior. Isto ocorre em função da dificuldade ou mesmo da falta de interesse dos analistas de sistemas na elaboração do manual do usuário. Outro ponto importante a ser considerado é que para o manual se tornar mais acessível e de fácil assimilação pelas áreas de negócio, é fundamental que alguns usuários participem da sua elaboração. Assim, a linguagem do manual estará mais ao nível do usuário.

i) **Conversão do banco de dados:** Após os testes e aceitação, chega-se à etapa de importação dos dados dos sistemas anteriores para o novo aplicativo, caso haja uma base de dados para ser importada. Os dados podem ser provenientes de um sistema manual ou informatizado. No segundo caso a conversão dos dados pode ser feita via programas de conversão e, portanto, torna-se mais viável, quando possível. Dificilmente a base de dados do novo aplicativo será exatamente igual a do anterior, de modo que é necessário avaliar com cuidado, a real necessidade e importância e os custos/benefícios envolvidos no processo.

j) **Instalação:** Após a conclusão das etapas anteriores chega o momento de instalação do novo sistema, ou seja, colocá-lo em produção no seu ambiente e infra-estrutura definitiva, liberando-o para os usuários.

k) **Avaliação:** Tal etapa, muitas vezes omitida, é muito importante, pois é na avaliação do sistema, após algum tempo de uso, que se verifica até que ponto foram alcançados os objetivos traçados para o projeto de implantação.

2.1.6 Principais dificuldades e problemas durante o processo de implantação

A exemplo do processo de desenvolvimento e implantação dos sistemas de informações convencionais, projetos de implantação de ERPs trazem desvantagens e potenciais problemas, além dos benefícios buscados.

A principal desvantagem dos ERPs descrita em artigos, pelas consultorias e na imprensa especializada é a grande dificuldade para a sua implementação, que na maioria dos casos ocorre através de longos processos que podem levar até 3 anos para serem finalizados. A dificuldade se dá em função da necessidade de introduzir mudanças organizacionais profundas não só em sistemas, mas em processos e pessoas. As empresas, classicamente orientadas a uma visão hierárquica e departamental, são induzidas a adaptar-se a uma visão orientada a processos, e enxergarem as suas estruturas através de conjuntos de atividades que atravessam e integram os departamentos. Em muitos casos as empresas são obrigadas a mudar seus procedimentos internos a fim de adaptarem-se às funcionalidades dos ERPs. Em função da complexidade do processo são mencionados como fatores críticos para a implementação de um ERP o incondicional comprometimento da alta direção, entender e conduzir o gerenciamento do projeto como um fator crítico de sucesso, buscar o envolvimento e comprometimento dos gerentes e usuários com a proposta do projeto e os resultados pretendidos, a comunicação das responsabilidades sobre o sucesso do projeto para as áreas de negócio que sofrerão o impacto do projeto, o processo de treinamento e o processo de comunicação em todos os níveis da organização, a fim de levar a mensagem do projeto para as áreas internas.

Segundo Lozinsky (1996), a necessidade de envolvimento de uma consultoria de implantação externa é importante, posto que as habilidades de gerenciamento de projeto e das mudanças que com ele serão trazidas, e o conhecimento a respeito do pacote em geral não estão disponíveis nas organizações. Isso faz com que o custo final do projeto de implementação possa ficar de três a quatro vezes mais alto que o custo com o licenciamento do pacote. Esta situação varia em função do fornecedor do aplicativo e do porte e complexidade do projeto.

De acordo com Davenport (1998), é importante avaliar a compatibilidade entre a estratégia empresarial e a lógica, ou "modo de fazer negócios", que muitos sistemas empresariais trazem. Davenport afirma que muitos dos problemas e dificuldades da implementação e utilização dos ERPs não são de natureza técnica, mas sim organizacionais. Diz ainda que as empresas falham em conciliar os imperativos dos sistemas empresariais às necessidades da empresa. O modelo embutido nos ERPs é o da integração total da empresa. Podem existir situações onde a estratégia geral da empresa não esteja alinhada com este tipo de enfoque. O autor alega que "se uma empresa apressa-se em instalar um sistema empresarial sem ter um claro entendimento de suas implicações para o negócio, o sonho da integração pode tornar-se um pesadelo". Comenta também a questão da falta de flexibilidade dos sistemas ERP em adaptarem-se aos processos da empresa, o que pode exigir que a empresa se adapte ao software. Daí a clássica discussão: o ideal é a empresa adaptar-se ao ERP ou o ERP adaptar-se a empresa?

O Gartner Group (1998) apresenta a falta de flexibilidade e problemas na integração com outros aplicativos como problemas dos ERPs. O Gartner Group afirma não crer que alguma situação miraculosa ocorra em curto prazo no mercado para tornar os ERPs altamente flexíveis e aderentes às organizações e alega que fica claro que as empresas entraram no mundo dos ERPs achando que estes eram mais flexíveis do que os sistemas desenvolvidos dentro de casa.

Segundo Stedman (1998) foi estudada uma empresa onde o tempo para o processamento dos pedidos de venda triplicou quando o ERP implantado entrou em produção, pois os colaboradores não estavam inteiramente adaptados ao novo aplicativo e não estavam devidamente treinados nos novos processos e procedimentos. Segundo Cole-Gomolski (1998), há outros casos onde problemas de performance associados aos problemas de adaptação a novas interfaces também prejudicaram a performance de processos nos meses iniciais após a implementação.

Os ERPs não são tão simples de serem internalizados pelas pessoas e apresentam uma lenta curva de aprendizado. Este fato pode impor dificuldades nos primeiros meses após a implementação. Segundo Stedman (1998b), a imediata disponibilização de informações lançadas incorretamente no sistema, pode agravar este problema. O autor relata o caso de uma empresa que após implantar o seu ERP teve problemas no controle do estoque de materiais para fabricação devido à entrada de dados incorretos no sistema por parte dos usuários. O autor revela ainda que embora os ERPs estejam integrando as empresas como nunca isto pode se tornar uma faca de dois gumes quando erros são imediatamente propagados pelo sistema. O que se percebe na prática, é que estes o impacto é diretamente proporcional ao grau de integração dos ERPs: quanto mais integrados são, maior é o reflexo dos erros na cadeia.

Um dos problemas mais críticos durante a implantação de um ERP é a mudança cultural que ocorre na organização. De acordo com Appleton (1997), deve haver uma mudança de comportamento na organização para que consiga trabalhar a questão da visão de processos. A autora afirma que se um departamento operar por suas próprias regras então o sistema não irá funcionar corretamente. Diz ainda que as implantações de ERPs normalmente exigem das pessoas que elas criem novas relações de trabalho, dividam informações que antes eram bem guardadas e tomem decisões que nunca haviam sido exigidas antes. Isso exige uma mudança de comportamento e postura, e o tipo de mudança que gera resistência e confusão. De acordo com Bancroft *et al.* (1998), em uma implantação é um desafio promover a participação efetiva dos usuários nos processos de decisão e implementação, apesar de ser fundamental para o sucesso do projeto.

Davenport (1999), alega que existem dificuldades diversas em manter o conhecimento necessário para a operação continuada dentro da empresa, após o término do projeto de implantação de um ERP. De acordo com o autor, os benefícios do ERP devem ser aguardados a médio longo prazo e as empresas não deveriam enxergá-los apenas como um projeto, mas entendê-lo como um novo modo de vida. As organizações deveriam estar preparadas para manterem estruturas de apoio à utilização dos sistemas ERP. Johnson (1999), ao analisar este aspecto afirma que os clientes estão exigindo que as consultorias que implantam ERPs invistam em ferramentas e serviços que incorporem a sua experiência acumulada para garantir um resultado e produtos mais efetivos.

A grande complexidade dos ERPs, abrangência funcional e integração dificultam as operações de manutenção, como a atualização de versões (*upgrades*), paradas para manutenção programadas, *backups*, simulações e alterações de parametrização durante o seu uso. Tais operações exigem longas negociações com os usuários do aplicativo, deixando em muitos casos o departamento de TI na linha de fogo entre alterações urgentes, solicitadas por uma área de negócio, que não podem ser efetuadas em função de procedimentos de um outro departamento. Segundo Hecht (1997), as atualizações de versão, ou qualquer outra forma de *shutdown* (parada, ou desligamento do sistema) ou backup no sistema, exigem negociação e consenso entre os departamentos das empresas que utilizam ERPs, bem como comunicação prévia.

A Deloitte Consulting (1998), em pesquisa, apresenta um resumo do que as organizações consideraram barreiras e dificuldades durante e após a implantação de ERPs. O fator humano foi apontado como mais importante do que os aspectos tecnológicos. Antes, durante e após a implementação, o gerenciamento da mudança, a adequação das estruturas de apoio interno à nova filosofia do aplicativo e a gestão de projeto foram consideradas as principais dificuldades. Mesmo após a entrada do ERP em produção, a gestão das mudanças desponta como a maior dificuldade, juntamente com a necessidade de treinamento, qualidade do suporte oferecido pelo fornecedor e carências na funcionalidade do aplicativo.

## 2.2 CULTURA ORGANIZACIONAL, MUDANÇA E GESTÃO DA MUDANÇA

Para que seja possível discutir o processo de resistência que ocorre durante a implantação de um ERP, bem como seus efeitos sobre a organização e propor alternativas para trabalhar este processo, é necessário entender alguns conceitos importantes relacionados à Cultura Organizacional, Mudança e Gestão da Mudança. Neste tópico, será fornecido um embasamento conceitual necessário à abordagem que será realizada durante a apresentação da metodologia.

### 2.2.1 Cultura

Segundo a filosofia, cultura é o conjunto de manifestações humanas que contrastam com a natureza ou comportamento natural. Por seu turno, em biologia uma cultura é normalmente uma criação especial de organismos (em geral microscópicos) para fins determinados (por exemplo: estudo de modos de vida bacterianos, estudos microecológicos etc). No dia-a-dia das sociedades civilizadas (especialmente a sociedade ocidental) e no vulgo costuma ser associada à aquisição de conhecimentos e práticas de vida reconhecidas como melhores, superiores, ou seja, erudição; este sentido normalmente se associa ao que é também descrito como "alta cultura", e é empregado apenas no singular (não existem *culturas*, apenas uma *cultura* ideal, à qual os homens indistintamente devem se enquadrar).

A antropologia encara a cultura como o total de padrões aprendidos e desenvolvidos pelo ser humano. Para a Filosofia, cultura seria o complexo que inclui conhecimento, crenças, arte, morais, leis, costumes e outras aptidões e hábitos adquiridos pelo homem como membro da sociedade.

Portanto, corresponde, neste último sentido, às formas de organização de um povo, seus costumes e tradições transmitidas de geração para geração que, a partir de uma vivência e tradição comum, se apresentam como a identidade desse povo.

O uso de abstração é uma característica do que é cultura: os elementos culturais só existem na mente das pessoas, em seus símbolos tais como padrões artísticos e mitos. Entretanto fala-se também em cultura material (por analogia a cultura simbólica) quando do estudo de produtos culturais concretos (obras de arte, escritos, ferramentas etc). Essa forma de cultura (material) é preservada no tempo com mais facilidade, uma vez que a cultura simbólica é extremamente frágil.

### 2.2.2 Comportamento e o processo de resistência

Segundo DuBrin (2003), o comportamento é definido como o conjunto de reações de um sistema dinâmico em face às interações e realimentações propiciadas pelo meio onde está inserido. O autor apresenta, como exemplos de comportamentos o comportamento social, comportamento humano, comportamento animal, comportamento atmosférico etc.

De acordo com a linha de raciocínio do autor, a análise da organização como um sistema aberto permite verificar que ela está em constante interação com o meio ambiente. A organização influencia e é influenciada pelo meio onde está inserida. Assim, com a dinâmica do mercado, a organização precisa, constantemente, se adaptar a novas situações, promovendo mudanças internas na sua estrutura organizacional, tecnológica e, sobretudo, no seu comportamento organizacional.

De acordo com Ferreira *et al.* (1997), "toda a organização pode ser entendida e analisada sob três aspectos que configuram a sua atividade empresarial: estrutura, tecnologia e comportamento. A organização muda quando alterações ocorrem em um destes aspectos".

Ferreira *et al.* (1997) revelam ainda que "a estrutura envolve o sistema de hierarquia, responsabilidade, comunicação e poder, as tarefas e processos internos de trabalho". Envolvem ainda a missão, objetivos e políticas organizacionais. De acordo com o autor, a tecnologia se refere aos sistemas operacionais adotados, equipamentos, engenharia (processo e produto), pesquisa e desenvolvimento, métodos de trabalho etc. Já o comportamento, está relacionado à gestão dos recursos humanos: conhecimentos, habilidades e atitudes das pessoas que fazem parte da organização e do seu relacionamento interpessoal.

Os autores propõem que estes aspectos são interdependentes e a mudança em um deles afeta os outros e que em um processo de mudança deve-se levar em conta estes três aspectos. A implantação de um ERP (mudança tecnológica), por exemplo, deve considerar os reflexos na estrutura e no comportamento organizacional, para aumentar as possibilidades de sucesso da implantação.

Apesar dos três aspectos serem importantes e interdependentes, o comportamento das pessoas é crítico, pois estas são as responsáveis pela concepção e coordenação dos outros aspectos. Assim, fica claro a relevância do estudo do comportamento organizacional para o gerenciamento de qualquer processo de mudança bem como para a manutenção e aperfeiçoamento da eficácia organizacional e, conseqüentemente, para a sobrevivência de qualquer organização no contexto atual do mercado.

De acordo com DuBrin (2003), "o comportamento organizacional é o estudo do comportamento humano no local de trabalho, a interação entre as pessoas e a organização em si".

Já Robbins (2002), afirma que o comportamento organizacional "é uma área de estudos que pesquisa e analisa o impacto que indivíduos, grupos e a estrutura têm sobre o comportamento dentro das organizações, com o propósito de utilizar esse conhecimento para promover a melhoria da eficácia organizacional". O comportamento organizacional investiga as atitudes e os comportamentos das pessoas nas empresas e a forma como estes comportamentos afetam o desempenho destas organizações.

De acordo com Robbins (2002), o comportamento organizacional inclui tópicos básicos como "motivação, comportamento e poder de liderança, comunicação interpessoal, estrutura e processos de grupos, aprendizado, desenvolvimento de atitudes e percepção, processos de mudanças, conflitos, planejamento do trabalho e estresse no trabalho".

Para DuBrin (2003), "motivação num ambiente de trabalho é o processo pelo qual o comportamento é mobilizado e sustentado no interesse da realização das metas organizacionais".

DuBrin (2003) diz também que "uma estratégia-chave para aprimorar a motivação é tornar o cargo tão desafiador e o colaborador tão responsável que ele será motivado apenas pelo fato de estar realizando o trabalho".

O comportamento dos indivíduos baseia-se nas atitudes, que por sua vez estão baseadas nas crenças e valores. Apesar de as pessoas serem diferentes e terem crenças e valores distintos, há um padrão de comportamento dentro da organização, uma vez que estas pessoas estão sendo reeducadas em algumas crenças e valores e treinadas em algumas habilidades específicas.

Dentre outros, os valores são adquiridos ao longo da vida do indivíduo e fazem parte de sua essência. São influenciados pela família, amigos, escola, religião, sociedade e trabalho. Sofrem influência dos meios de comunicação e do comportamento e atitudes das pessoas que se admira e que se têm como referência. Do mesmo modo, a organização influencia os valores do indivíduo e o indivíduo também, influencia os valores da organização.

Segundo DuBrin (2003), "os valores dos empregados se misturam com os valores exigidos no cargo e na organização. Quando isto ocorre, o desempenho no cargo tende a ser maior".

Robbins (2002) afirma que a percepção é importante para o estudo do comportamento organizacional porque o comportamento das pessoas está baseado na forma como ela percebe a realidade e não da realidade em si. "O mundo como é percebido é o mundo importante para o comportamento"

Assim, verifica-se que a percepção é influenciada pelas características pessoais do observador (valores, crenças e habilidades), pelos fatos (as coisas que chamam a atenção no cenário) e pela situação em que tais fatos acontecem. Quando as pessoas têm as mesmas informações sobre um determinado fato e têm conhecimentos, crenças e valores semelhantes, as suas percepções da realidade serão semelhantes e, portanto, é possível ter uma certa previsibilidade com relação ao seu comportamento, como mostra a Figura 1. O conhecimento deste aspecto da teoria do comportamento é absolutamente relevante no gerenciamento de qualquer processo de mudança dentro de uma organização.

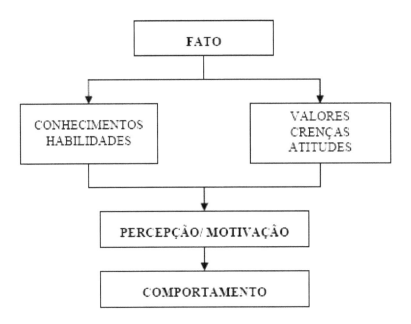

**Figura 1 - O comportamento como percepção de um fato**
Fonte: Schmitt (2004)

De acordo com Robbins (2002), os indivíduos são complexos. Duas pessoas têm comportamentos diferentes, assim como a mesma pessoa tem comportamento diferente em diferentes situações. Posto isso, as generalizações simples e precisas, bem como receitas prescritivas são limitadas, no campo de estudo do comportamento.

Tal fato não contraria a afirmação de que possa haver uma certa previsibilidade do comportamento humano em certas situações de mudança, mas que, para estas previsões, devem ser consideradas as condições e características específicas tanto da situação quanto das pessoas em cada mudança.

De acordo com Kanaane (1995), a atitude do homem é resultante dos seus valores, crenças, sentimentos, pensamentos, cognições e tendências à reação a determinado objeto, pessoa ou situação.

Por isso um trabalhador se comporta e reage diante de uma situação, no trabalho, de acordo com as suas crenças e valores. As crenças funcionam como um filtro, fazendo com que o trabalhador aceite aquilo que é compatível e rejeite aquilo que não é compatível com as suas crenças. Há que se saber também, que a motivação para determinadas ações está ligada aos valores do indivíduo, e estes são representativos do meio em que ele vive.

Para Kanaane (1995), "existe uma tendência de que as hierarquias ou prioridades de valores capacitem o indivíduo diante das escolhas entre ações e metas alternativas, resultando em cognições e idéias presentes em todas as sociedades acerca dos objetivos finais desejáveis".

Segundo Robbins (2002), atitudes estão relacionadas com valores, mas são menos estáveis que estes. Por isso é mais fácil modificar as atitudes do que os valores.

Bowditch e Buono (2002) afirmam que as atitudes são uma predisposição da pessoa agir de forma positiva ou negativa diante de uma situação. Desta forma as atitudes de uma pessoa influenciam no seu comportamento.

Para Robbins (2002), nas organizações as atitudes relacionadas com o trabalho são: o comprometimento organizacional, a satisfação e o envolvimento com o trabalho.

Tomando por base estas proposições, pode-se concluir que mudança de atitude de uma pessoa depende de quanto esta atitude está inserida na sua essência, de quanto ela é importante para a pessoa, das técnicas utilizadas e, também, da credibilidade que a empresa e os gerentes possuem junto ao seu corpo funcional.

Para Kanaane (1995, p. 59), as atitudes de um indivíduo têm os seguintes componentes básicos:

a) Afetivo-emocional: trata-se dos sentimentos ou reações emocionais que o indivíduo apresenta perante uma situação específica;
b) Componente cognitivo: trata-se das crenças do indivíduo, conhecimentos e valores associados à situação, objeto ou pessoa. O componente cognitivo diz respeito ao conhecimento ou crenças intelectuais que uma pessoa apresenta a respeito de algo;
c) Componente comportamental: refere-se às ações favoráveis ou desfavoráveis com relação à situação em foco;

d) Componente volitivo: formado a partir das motivações, desejos, expectativas e necessidades inatos e adquiridos.

DuBrin (2003, p. 63) propõe que todos esses componentes estão inter-relacionados de modo que a alteração em um deles altera os demais. Caso haja mais informações a respeito de um objeto (componente cognitivo), pode haver condições favoráveis para a formação da base para uma resposta emocional mais positiva ao objeto (componente afetivo). No entanto, o comportamento para com este objeto, provavelmente, será mais favorável (componente comportamento).

Tomando por base as afirmações do autor e levando em conta os aspectos de comunicação e participação em um projeto de implantação de um ERP, pode-se afirmar que com uma melhor comunicação, os usuários ficarão mais informados e irão desenvolver uma percepção mais próxima da realidade da empresa. Pode-se concluir ainda, que a Comunicação será uma das principais ferramentas para o processo de Gestão de Mudança. A abordagem motivacional para promover a participação das pessoas no projeto de implantação do ERP deverá ter um forte apelo no sentido de fazer com que o usuário estabeleça um vínculo afetivo com o projeto e desta forma uma resposta emocional mais positiva. Quando isso ocorrer, provavelmente o seu comportamento será mais favorável à implantação do sistema e as resistências tenderão a serem menores.

Segundo Bowditch e Buono (2002), atitudes têm quatro características básicas: "direção (a favor, contra ou neutro), intensidade (fraca, forte ou moderada), saliência (a importância da reação em relação ao contexto analisado) e diferenciação (altamente ou pouco diferenciadas, dependendo do número de crenças e valores envolvidos)".

Bowditch e Buono (2002) dizem ainda que as mudanças de atitude "são tanto mais difíceis de serem conseguidas (por meio de treinamento, educação e comunicação) quanto maior a sua intensidade, saliência e diferenciação".

Uma forma de se buscar mudanças nas atitudes é promovendo mudanças no comportamento de um indivíduo, pois da mesma forma o comportamento é influenciado pelas atitudes e estas, por sua vez, são influenciadas pelas crenças e valores. As atitudes são influenciadas pelo comportamento.

De acordo com Bowditch e Buono (2002), "uma quantidade relevante de pesquisas em ciências sociais aponta que uma das formas mais eficazes de se mudar atitudes profundamente arraigadas é alterar primeiro os comportamentos correspondentes." As pessoas tendem a buscar uma sensação de equilíbrio entre suas crenças, atividades e comportamentos.

Bowditch e Buono (2002) dizem ainda, que as mudanças no comportamento "podem ser conseguidas através de recompensas e do estabelecimento de expectativas e de padrões de desempenho explícitos e, também, pela efetiva participação das pessoas no processo".

Para DuBrin (2003) "programas de modificação do comportamento organizacional usam, normalmente, reforço positivo mais do que punição para modificar comportamentos". Observa ainda que a ligação do comportamento com conseqüências positivas é mais eficaz do que o uso de motivadores negativos, e conseqüências positivas surgem de modo mais efetivo.

Recompensas são um modo de incentivo para um comportamento desejado pela organização e as punições são uma maneira de inibir um comportamento indesejável. As recompensas também são uma forma de encorajar e reforçar determinados comportamentos já praticados, na organização.

Os métodos a serem utilizados para modificar ou reforçar comportamentos, independente de quais sejam, só serão efetivos se houver o *feedback*, para os envolvidos. É importante que as pessoas saibam porque estão sendo recompensadas ou punidas para que a partir daí possam reforçar ou modificar o seu comportamento. O processo de *feedback* também deve considerar a divulgação das recompensas para os demais membros da organização, envolvidos no processo, para que o seu reflexo, no comportamento, não fique limitado à pessoa recompensada. Para o caso da punição, embora em teoria o procedimento deveria ser o mesmo, a situação é mais delicada, pois envolve questões de ética e privacidade. Para a punição, cada caso deve ser analisado de forma específica.

Segundo DuBrin (2003), os gerentes e as organizações devem ter um cuidado: as recompensas perdem a sua efetividade com o tempo. Um empregado após receber muitas vezes a mesma recompensa, considera a mesma como parte do seu dia a dia, fazendo com que ela perca o seu objetivo.

Durante um processo de mudança de atitude por meio da mudança do comportamento, pode-se afirmar que: primeiramente o indivíduo racionaliza o seu comportamento, pois ele sabe que determinado padrão de comportamento é necessário para manter o seu emprego ou para tirar benefício das recompensas oferecidas. Em seguida ele procura estabelecer uma coerência entre este comportamento e suas atitudes, valores e crenças, pois a manutenção, por um período muito longo, de um relacionamento que apresente conflitos entre comportamento assumido e atitudes seria muito penosa e desgastante. Assim, se o indivíduo estiver convencido que o comportamento assumido é bom, a tendência natural será pela mudança das suas crenças, valores e atitudes, buscando, assim, a coerência com o novo comportamento assumido. Se não houver este convencimento, ou caso não se consiga atingir esta coerência, o indivíduo pode ficar numa situação delicada na organização que, num caso extremo, pode fazer com que ele decida, ou seja, forçado a abandoná-la.

Para que este processo aconteça é necessário que a organização apresente de forma clara quais são os comportamentos considerados como padrão e quais os valores e as crenças coerentes que são esperados.

A exposição destas informações para os membros da organização pode ser feita através de todo o tipo de comunicação: memorandos, jornais internos, Intranet, *banners,* cartazes, reuniões, seminários. O principal desafio para o sucesso da comunicação não é unicamente o meio utilizado, porém a credibilidade, tanto da mensagem quanto do emissor.

Bowditch e Buono (2002) afirmar que um problema sério da comunicação é a incoerência entre o dizer e o agir dos gerentes. "É importante que as promessas, imagens e mensagens sejam sustentadas por atos. Na maior parte dos casos, atos e símbolos têm um impacto mais forte nas pessoas do que discursos de diretores".

É importante dizer que este processo é lento e gradual. Quando é necessária uma mudança rápida para que a organização se adapte a uma nova situação, existe também a necessidade de uma ação mais radical. O processo de saída e entrada de novas pessoas na organização tende a trazer mudanças na sua cultura. Assim, quando a organização deseja que as mudanças sejam rápidas, ela precisa recorrer ao expediente da troca de pessoas, em algumas posições. Na implantação de um sistema de informação, as demissões e admissões são baseadas, respectivamente, nas atitudes e comportamentos contrários e favoráveis ao ambiente pretendido, para o novo aplicativo e os processos que por ele serão trabalhados.

A admissão de pessoas com certas características pessoais, não garante, no entanto, a mudança da cultura organizacional da empresa ou de um comportamento desejado, por parte dos seus membros. A organização também deverá fazer em paralelo, um trabalho de conscientização e mobilização dos empregados para a nova cultura.

Kanaane (1995) afirma existirem situações em que o comportamento não reflete a predisposição da pessoa para a ação, uma vez que ela se vê obrigada a agir de acordo com as expectativas do grupo e não de acordo com os seus padrões. Outra situação onde o comportamento do indivíduo nem sempre reflete a realidade da situação, pode ser verificada quando existe o preconceito, que segundo Kanaane (1995), está baseado "naquilo que o sujeito aprendeu como certo e captou das idéias circulantes sobre determinadas situações ou pessoas, ao invés do contato com a situação específica". Ou seja, percepções influenciadas por terceiros.

O autor propõe ainda que os preconceitos estão relacionados às questões étnicas, religiosas, sexuais, econômicas, culturais, etc., manifestando-se em reações comportamentais de rejeição em face de indivíduos, grupos, departamentos, organizações e comunidades.

Os valores e crenças presentes em um indivíduo ou em um grupo tendem a se solidificar com o tempo, dificultando os processos de mudança que não sejam compatíveis com estas crenças e valores. Assim, caso haja a necessidade de mudança e estando os indivíduos conscientes destas necessidades, pode não haver uma reação ao processo, entretanto, dificilmente haverá, um engajamento, um comportamento favorável ao processo de mudança. O comportamento que se deve esperar é de conformismo e alienação em relação ao processo de mudança.

Para Kanaane (1995) comportamentos podem ser definidos como as reações dos indivíduos e as respostas que este apresenta a determinados estímulos, e são determinados pelo conjunto de características ambientais (adquiridas) e hereditárias (genéticas), com absorção das pressões exercidas pelo meio ambiente.

Assim, comportamento pode ser considerado como as ações que o indivíduo exterioriza, e a atitude como a predisposição interior do indivíduo para reagir em certas situações e os fatores cognitivos representando o seu conhecimento de como o meio gostaria que ele se comportasse.

Segundo Kanaane (1995), o estudo do comportamento humano diz respeito à compreensão das ações expressas pelo indivíduo no contexto social. Tais ações podem ou não vir a corresponder às atitudes previamente determinadas. Fecha afirmando que "o comportamento do indivíduo representa sua capacidade de adaptar-se ao meio social circundante".

Isto faz com que, em muitos casos, no ambiente de trabalho o indivíduo tenha que assumir comportamentos não compatíveis com as suas atitudes. Ele é forçado, por uma situação imposta, a representar um papel profissional, deixando de lado o seu comportamento natural. Para Robbins (2002) "a dissonância cognitiva significa uma inconsistência entre atitudes e seus comportamentos correspondentes. A dissonância cognitiva está na afirmação 'faça o que eu digo, mas não faça o que eu faço'".

Uma situação comum de dissonância cognitiva nas organizações é quando os cargos de gerência são ocupados mais por critérios técnicos ou políticos do que por características pessoais. De acordo com Bowditch e Buono (2002). "a posição de uma pessoa na organização pode moderar os efeitos das intenções no comportamento". Mesmo que a pessoa queira reagir, o seu comportamento tende a ser de aceitação em função da posição ou da função que ela desempenha.

Para Kanaane (1995), o comportamento humano nas empresas tende a ser influenciado por um conjunto de variáveis, entre elas: o espaço físico (luminosidade, mobiliário, equipamentos, *layout* etc.); o espaço social (participação, tomada de decisão em grupo, relações interpessoais, benefícios sociais etc.); o espaço psicológico (auto-estima, auto-imagem, auto-realização, motivos, perspectivas profissionais e pessoais etc.).

De acordo com Kanaane (1995), é preciso considerar em uma organização, a existência dos seguintes comportamentos, conforme Figura 2:

- Comportamento individual: espelha as reações do indivíduo e suas condutas no contexto organizacional.
- Comportamento grupal: é à gama de reações dos indivíduos que compõem um grupo. Tal comportamento retrata as múltiplas influências decorrentes da dinâmica existente, incluindo as pessoas, a interação, o sentimento, as atividades (tarefas), a comunicação e os objetivos.
- Comportamento organizacional; trata-se das manifestações emergentes no contexto da organização, indicando os controles, o processo decisório e os esquemas técnico-administrativos.

**Figura 2- O comportamento organizacional**
Fonte: Schmitt (2004)

## 2.2.2.1 O indivíduo

O comportamento de cada indivíduo pode ser resultado de algumas características biográficas, que Robbins (2002), ilustra como sendo: idade, estado civil e tempo de serviço. À idade estão relacionadas: experiência, bom senso, sentido de ética, qualidade, menor flexibilidade e aversão a novas tecnologias. Para o autor, empregados casados tendem a ser mais responsáveis e mais preocupados com a estabilidade no emprego. O autor afirma ainda que existe uma relação direta entre tempo de permanência no emprego e satisfação com o trabalho.

Pode-se observar nas organizações que o tempo de permanência no trabalho, na maior parte das vezes, tem uma relação direta com a idade do empregado. Assim, pensando em termos de introdução de mudanças, os empregados com mais tempo de casa (satisfação com o trabalho) e maior idade (menor flexibilidade e aversão a mudanças), tendem a ter uma maior reação aos processos de mudança. Entretanto, eles têm uma maior preocupação em manter o emprego e, mesmo tendo uma atitude contrária podem apresentar um comportamento adequado, ou seja, uma dissonância cognitiva.

A motivação de uma pessoa em relação à execução de uma atividade depende das condições da atividade e da situação em que ela precisará ser executada. De acordo com Robbins (2002), "a motivação é o resultado da interação do indivíduo com a situação". O autor propõe motivação como "o processo responsável pela intensidade, direção e persistência dos esforços de uma pessoa para o alcance de uma determinada meta".

Há inúmeras teorias sobre os fatores que têm influência na motivação de um indivíduo. Tais fatores podem ter origem interna ou intrínseca à tarefa como: realização, responsabilidade e competência, e fatores externos como recompensas e reconhecimento. Ligado à motivação está o envolvimento das pessoas em um determinado processo. Para Robbins (2002), envolvimento é "um processo participativo que usa o contingente total de colaboradores e objetiva estimular um crescente comprometimento com o sucesso da organização".

À medida que há o envolvimento dos indivíduos na execução de uma determinada atividade, onde as pessoas participam com uma certa autonomia e controle sobre o processo, estas tenderão a se mostrarem mais motivadas e comprometidas. Um fator que influencia fortemente no comportamento de um indivíduo é a emoção. De acordo com Robbins (2002), "as emoções são reações a um objeto". Ainda de acordo com o autor, "você demonstra suas emoções quando está feliz com alguma coisa, bravo com alguém ou com medo de algo". A emoção sempre está relacionada com algo ou com alguém.

Para o autor, é possível separar as emoções em sentidas e demonstradas. As sentidas são as genuínas para o indivíduo, enquanto que as demonstradas são as requeridas pela organização e consideradas apropriadas para uma tarefa ou situação.

Mesmo não havendo um padrão definido, as emoções negativas ou muito intensas, geralmente não são bem aceitas nas organizações.

Normalmente, não são bem aceitas as emoções ligadas a medo, raiva e ansiedade.

Emoções tendem a influenciar no processo de tomada de decisão das pessoas e, conseqüentemente, no seu comportamento. É normal esperar que as pessoas apresentem comportamentos e tomem decisões diferentes quando submetidas a *stress* e irritação e quando estão calmas e tranqüilas.

De acordo com Robbins (2002), habilidade refere-se à capacidade que um indivíduo tem de desempenhar diversas tarefas dentro de uma função. É uma avaliação daquilo que um indivíduo pode fazer em um dado momento. Geralmente, as habilidades são construídas sobre dois grupos de fatores: as habilidades físicas e as habilidades intelectuais.

O bom desempenho de uma função é conseqüência da existência de habilidades adequadas. Assim, num processo de mudança, que implica em mudança em funções, é normal que as pessoas que apresentem um bom desempenho nas suas funções atuais, apresentem uma certa resistência em relação à mudança. Tal resistência pode ser minimizada ou eliminada com um adequado programa de treinamento, posto que as habilidades são adquiridas ou desenvolvidas por meio de treinamento.

De acordo com Robbins (2002), aprendizagem é "qualquer mudança relativamente permanente no comportamento que venha a ocorrer como resultado de uma experiência". A aprendizagem se dá quando ocorrem mudanças nas ações. Necessita de alguma forma de experiência adquirida. Pode ser de forma direta por meio de observação - prática ou de forma indireta por meio de relatos ou leitura.

Há várias formas de aprendizagem. Robbins (2002) sugere que existem três teorias que explicam o processo pelo qual se adquire padrões de comportamento: "o condicionamento clássico, o condicionamento operante e a aprendizagem social".

Pode-se entender que o condicionamento clássico (reações a determinados estímulos) é mais um processo de adestramento do que de treinamento. As pessoas reagem a um estimulo sem ter muita consciência do seu comportamento.

Ao falar sobre o condicionamento operante, Robbins (2002) sugere que "as pessoas aprendem um comportamento para obter algo que desejam ou para evitar algo que não queiram. O comportamento operante é um comportamento voluntário ou aprendido".

Ainda, segundo Robbins (2002), no processo de aprendizagem social as pessoas aprendem "tanto ao observarem o que acontece com os outros e ao ouvirem alguma coisa, quanto pela experiência". Há uma forte tendência das pessoas repetirem os comportamentos que recebem um reforço positivo.

É relevante que as pessoas conheçam e entendam o modelo de comportamento desejado pela empresa para que elas possam, por meio da aprendizagem operante e social, buscarem este comportamento.

Sobre esta questão, Dimitrius e Mazzarella (2003) sugerem que para se determinar o padrão de comportamento de um indivíduo ou de um grupo, é importante levar em consideração o maior número possível de informações.

Ainda de acordo com Dimitrius e Mazzarella (2003, p. 25), "ninguém é inteiramente consistente, e a maioria de nós é uma confusão de pensamentos, valores e comportamentos que, com freqüência, entram em conflito".

Os autores propõem que padrões de comportamento emergem dessas inconsistências aparentes, por mais complexa que uma pessoa seja. Sugerem ainda, que para se estimar um padrão de comportamento pode-se fazer uso de três níveis ou camadas de informações. No primeiro nível estão as informações facilmente verificáveis como idade, sexo, raça, características físicas, formação escolar, estado civil etc.

Em um segundo nível as informações são mais subjetivas e estão baseadas em traços do comportamento mais subjetivos, tais como, a linguagem corporal, a forma de se expressar, o tom de voz e possíveis ações ou características específicas, etc. Em um terceiro nível, as informações dizem respeito à personalidade do indivíduo, ou seja, sobre as suas atitudes, valores e crenças.

### 2.2.2.2 O grupo

O comportamento organizacional é observado muito mais no comportamento dos grupos do que nos indivíduos. Os padrões de comportamento a serem seguidos pelos indivíduos na organização: como se vestir, como se portar, o que é certo e o que é errado etc., são definidos pelos grupos.

A existência de um grupo e a sua efetividade depende de vários fatores. Para Robbins (2002), nenhum grupo pode existir sem que haja um sistema eficiente de comunicação entre os seus membros, ou seja, sem que haja a transferência de significados entre os seus membros.

A comunicação é responsável por algumas funções básicas dentro de um grupo, tais como: controle, motivação, emoção e informação. Ela pode ser verbal e não-verbal e da mesma forma que a comunicação é responsável pela existência e coesão do grupo, pode ser, também, a maior responsável pelos conflitos interpessoais.

Uma comunicação efetiva é fundamental para o bom relacionamento interpessoal, dentro de um grupo, sendo também determinante para o estabelecimento de um padrão de comportamento do grupo dentro de uma organização.

Nas organizações existem os canais de comunicação formais e informais. Os canais formais seguem os caminhos oficiais e são claramente observáveis em uma organização burocrática. Já os canais de comunicação informais, são os não oficiais e aparecem, muitas vezes, em função da necessidade, da falha ou falta dos canais formais.

A falta de efetividade, confiança e credibilidade nos canais formais de comunicação de uma organização abrem espaço para o crescimento dos canais informais e, deste modo, podem favorecer a proliferação de boatos e coisas do tipo. Os boatos, quando se proliferam, normalmente distorcem a informação oficial e, conseqüentemente, geram um clima de insegurança na organização. A forma de comunicação utilizada por um grupo (por exemplo: aberta, participativa e honesta), reflete e causa influência no seu comportamento.

Um outro fator determinante para o comportamento de um grupo é a confiança recíproca entre as pessoas. Para Robbins (2002), "confiança é a expectativa positiva de que a outra pessoa não irá agir de maneira oportunista – seja por palavras, ações ou decisões".

Quando há uma relação de confiança entre as pessoas de um grupo de trabalho, é menos difícil conseguir a participação e o comprometimento destas pessoas nos processos de mudança na organização.

Segundo Robbins (2002), a confiança é um processo "que se desenvolve com o tempo, ao longo das experiências que se vivencia". Deste modo, é muito mais provável que exista um forte sentimento de confiança num grupo mais antigo do que em um grupo recém-formado.

Falando em termos de comportamento do grupo, a confiança facilita um comportamento pró-ativo, o envolvimento e o comprometimento das pessoas em um processo de mudança.

Mas o comportamento de um grupo também é reflexo de como funciona o poder no mesmo. De acordo com Robbins (2002), "o poder se refere à capacidade que uma pessoa tem para influenciar o comportamento de outra pessoa, de maneira que esta venha a agir de acordo com a vontade da primeira".

Quando há um foco de poder muito forte em um grupo, ele tem grande influência no comportamento deste. Nesta situação existe uma forte dependência deste grupo em relação à pessoa ou as pessoas que exercem o poder.

Robbins (2002), sugere que a relação de poder com o grupo não requer, necessariamente, uma compatibilidade de objetivos. Deste modo, a relação de dependência em relação ao poder se transforma em submissão como reação de uma ação coercitiva.

### 2.2.2.3 A organização

O comportamento organizacional sofre influência dos aspectos da organização. De acordo com Arantes (1998), os sistemas de gestão são "ferramentas que auxiliam na administração de uma empresa".

Tais sistemas de gestão podem, por exemplo, virem a oscilar do foco no homem para o foco na TI; de uma gestão participativa e democrática para uma gestão autocrática. O sistema de gestão é coerente com os valores e crenças da organização e influencia fortemente no comportamento organizacional. Um sistema de gestão participativo, democrático, focado no homem, propicia o envolvimento das pessoas, pois tem maior probabilidade de ser coerente com os valores e crenças dos grupos e das pessoas desta organização.

Um dos fatores relevantes que determinam o comportamento de uma organização é a sua cultura organizacional. Freitas (1991) afirma que a cultura organizacional pode ser considerada "algo que a organização é ou algo que ela tem". A cultura organizacional é um mecanismo adaptativo-regulador que unifica o indivíduo na organização.

Para Schein (1992) a cultura organizacional "é o modelo dos pressupostos básicos, inventados por um grupo específico, descoberto ou desenvolvido no processo de aprendizagem para lidar com os problemas de adaptação externa e integração interna". Quando estes pressupostos funcionam bem o suficiente para serem considerados válidos, estes são ensinados aos demais membros como a maneira adequada para se perceber, se pensar e sentir-se em relação àqueles problemas.

Avaliando o que é proposto por Schein verifica-se que o autor estabelece que a organização possui um comportamento padrão baseado em pressupostos ou crenças (fatos estabelecidos e assumidos como verdades) que determinam como os membros do grupo devem perceber, sentir, pensar e agir.

Quanto mais forte estes estiverem estabelecidos (os valores e crenças) e quanto mais forte for a cultura organizacional, mais difícil e complexo se tornará o processo de mudança, pois os procedimentos estão arraigados em toda a organização e são tidos como verdades absolutas, dogmas.

Não apenas a cultura organizacional, mas também o comportamento de uma organização sofre a influência da sua estrutura organizacional. O tipo de estrutura de uma organização, de acordo com Robbins (2002) "define como as tarefas são formalmente distribuídas, agrupadas e coordenadas".

De acordo com DuBrin (2003), o entendimento de uma organização "passa pelo estudo da sua estrutura". Uma organização mecanicista é hierárquica e apresenta o seu foco no controle, regras e procedimentos rígidos. Uma organização orgânica enfatiza a coordenação pessoal, ampla comunicação e possui regras, procedimentos e políticas flexíveis. De acordo com o tipo de estrutura a organização pode dar ênfase à centralização ou descentralização das decisões.

É notório que em uma estrutura mais flexível e descentralizadora, que propicie a participação das pessoas, seja é mais fácil de conseguir um maior grau de comprometimento e envolvimento das pessoas, além de ser mais favorável o compartilhamento de informações.

A tecnologia adotada pela empresa, também, tem influência no seu comportamento organizacional. É provável que uma empresa que foque na tecnologia e emprega tecnologia de ponta seja mais flexível a mudanças.

É certo que a tecnologia, desde a revolução industrial, vem produzindo grandes modificações no ambiente de trabalho e no comportamento dos trabalhadores, por meio da substituição do homem pela máquina ou pela transformação nos próprios processos.

Por fim, é importante que se tenha consciência de que o estudo do comportamento é complexo e depende de uma série de fatores. De acordo com Dimitrius e Mazzarella (2003), "tudo precisa ser visto no contexto". Para que seja possível compreender o comportamento é necessário analisar todo o contexto em que ele ocorre.

## 2.2.3 Mudança

As organizações competem em mercados globais e voláteis, em um ambiente de concorrência acirrada, mudanças intensas no seu ambiente social, político e econômico. Por estas razões, elas necessitam ter bastante flexibilidade e adaptabilidade, sendo obrigadas a promoverem constantes mudanças. As forças que impulsionam as mudanças podem ter caráter econômico, tecnológico, de mercado, político ou social.

Robbins (2002), sugere que um processo de mudança seja como uma viagem. É necessário ter bem claro qual o destino e qual a finalidade da viagem, ou seja, no caso da mudança, qual a mudança a ser realizada e quais os objetivos a serem alcançados. Caso isto não esteja claro, não se sabe quais os caminhos a serem percorridos e muito menos quando se chegou ao final da mudança e, conseqüentemente, se ela foi bem sucedida.

De acordo com Stoner (1995), há dois tipos de mudanças: as planejadas e as reativas. "Mudanças planejadas são aquelas onde a organização é preparada antecipadamente para se adaptar a mudança. Reativa é aquela onde a organização é forçada a reagir a uma mudança imposta pelo seu ambiente externo". Independente se planejada ou reativa, em qualquer tipo de mudança, existem sempre as forças impulsionadoras e as restritivas.

Por esta razão, no planejamento de um processo de mudança é fundamental que se conheçam tanto as forças impulsionadoras quanto as forças restritivas. De acordo com Stoner (1995), "a redução nas forças restritivas é normalmente um meio mais efetivo de encorajar as mudanças do que o aumento nas forças impulsionadoras".

O conhecimento das forças restritivas é importante para que se possa tomar medidas preventivas no sentido de eliminá-las ou pelo menos minimizar os efeitos destas. O conhecimento das forças impulsionadoras permite aos agentes responsáveis pela mudança tomarem ações no sentido de fazer uso das mesmas para facilitar o processo de mudança.

Segundo Stoner (1995), "os programas de mudança planejada buscam a remoção ou enfraquecimento das forças restritivas e a criação ou aumento das forças impulsionadoras que existem nas organizações".

Para Robbins (2002), as mudanças planejadas têm dois objetivos básicos: buscar uma melhor capacidade da organização para se adaptar às mudanças em seu ambiente e mudar o comportamento dos seus funcionários por meio de ações preventivas.

Na visão de Davenport (2000), os "gerentes de todos os níveis descobriram, a duras cargas, que a dimensão comportamental e cultural da mudança com freqüência é a mais difícil de se obter".

O sucesso de uma organização depende da capacidade e, principalmente, da vontade de seus indivíduos de realizarem determinadas tarefas. Depende, necessariamente, do comportamento das pessoas. As mudanças organizacionais implicam, sobretudo, em conseguir que as pessoas se comportem de forma diferente no seu local de trabalho.

Não há dúvidas que de todas as mudanças, as mais importantes e mais complexas, são as mudanças nas pessoas. De acordo com Robbins (2002), "mudar as pessoas diz respeito à modificação de atitudes, habilidades, expectativas, percepções e/ou comportamento".

De acordo com Lewin *apud* Stoner (1995), a maior parte dos processos de mudança fracassa por dois motivos:

– As pessoas não se dispõem ou não têm capacidade de alterar as suas atitudes e comportamentos.

– As pessoas mudam as suas atitudes por um curto período de tempo e não de forma permanente.

Apesar disso, pela que se pode observar fundamentado na teoria vista até aqui, pode-se afirmar que um processo de mudança pode ser facilitado quando existe:

a) Um eficiente sistema de comunicação na organização.

b) Um clima de respeito e confiança entre as pessoas e a organização.

c) A participação das pessoas no processo de mudança.

Para qualquer processo que envolva pessoas a comunicação é fundamental. Um processo de mudança, via de regra é um processo *top-down*, e quanto mais importante e profunda for a mudança, mais alta na hierarquia da organização estará a sua origem e a responsabilidade pela decisão a seu respeito. Por isso, Champy (1997), diz que "embora um eficiente sistema de comunicação entre a direção e os demais envolvidos no processo de mudança seja muito importante, não é suficiente apenas divulgar as informações". É fundamental, em primeiro lugar que a direção tenha pleno conhecimento e certeza daquilo que ela pretende com a mudança e, em segundo lugar, existe a necessidade das informações chegarem e serem compreendidas por todos os envolvidos no processo de mudança. E, o mais importante, é fundamental que haja credibilidade nas informações e na sua fonte.

De acordo com Gadiesh e Olivet (1997), "a forma como é comunicada a mudança causa influência na reação das pessoas". A mudança pode ser anunciada de forma gradual e antecipada ou de forma súbita. Não existe a forma mais correta, existe sim, a forma mais adequada para cada contexto. Quando se deseja causar uma reviravolta, a comunicação inesperada pode ser a mais adequada. Quando há um clima de respeito e confiança entre a organização e seus colaboradores, as pessoas são vistas como responsáveis, conscientes e dedicadas. As pessoas são, na prática, as responsáveis e as únicas capazes de transformar as mudanças em resultados efetivos para a organização.

O bom ou mau funcionamento de um processo depende da vontade das pessoas. Um processo bom, bem ajustado, dá maus resultados se as pessoas não quiserem que ele funcione e, por outro lado, um processo ruim dá bons resultados se as pessoas estiverem comprometidas com ele e estiverem dispostas a fazer com que ele funcione e proporcione bons resultados.

Assim é fundamental que as pessoas afetadas por um processo de mudança participem do mesmo. Quanto mais as pessoas envolvidas participem do processo de mudança e das decisões a respeito deste, maior tenderá a ser o comprometimento delas com a sua implementação e, conseqüentemente, maior será o interesse e vontade das pessoas para que se alcance resultados efetivos.

Por isso, para que uma mudança ocorra com sucesso é fundamental que as pessoas acreditem que a mudança é necessária e que ela é factível. Para que isto ocorra é imprescindível que exista um sistema de comunicação efetivo e um clima de respeito e confiança entre a organização e as pessoas envolvidas.

Por fim, a participação das pessoas envolvidas ou atingidas pela mudança, é fundamental para que elas se sintam co-autoras e, por esta razão, mais comprometidas com todo o processo. Para que as pessoas se comprometam com o processo de mudança elas precisarão ter uma participação efetiva no mesmo. Além do esforço e sacrifício delas para promover a mudança, as pessoas deverão também poder usufruir as vantagens alcançadas, ou seja, é importante que haja algum tipo de recompensa pessoal e/ou profissional para as pessoas e para o grupo com a mudança. É importante que se tenha isso em mente, mesmo que nem sempre isto seja possível de ser realizado em função da situação ou recursos disponíveis na organização naquele momento.

Conforme discutido anteriormente, as mudanças em uma organização se dão na sua tecnologia, estrutura ou pessoas. Tais mudanças, entretanto, normalmente, não ocorrem de forma isolada. Em um projeto de implantação de um ERP em uma organização, a mudança básica é na tecnologia, mas as mudanças mais relevantes ocorrem na sua estrutura e nos seus processos e, portanto, nas pessoas. Por esta razão é possível afirmar que um projeto de ERP, não é apenas um projeto de Informática ou Tecnologia, mas um processo de mudança organizacional, que precisa trabalhar muito bem a tríade tecnologia, processos e principalmente pessoas.

Stoner (1995) afirma que "mudar a estrutura de uma organização implica em mudanças nas linhas de comunicação, nos fluxos de trabalho e na hierarquia de poder e autoridade". Mudanças tecnológicas requerem alteração de equipamentos, processos de engenharia e métodos de produção, por exemplo. Stoner (1995), ao analisar as mudanças relacionadas com as pessoas, sugere que neste processo as organizações "tentam mudar o comportamento dos empregados concentrando-se em suas habilidades, atitudes, percepções e expectativas".

Questões técnicas de estruturas e processos estão relacionadas com a capacidade e, conseqüentemente, com o treinamento e o processo de aprendizagem. As questões de comportamento e atitudes apresentam maio relação com questões de crenças e valores, que necessitam de um processo de educação. Tal processo é fundamental e muito mais complexo, difícil e traumático, em qualquer processo de mudança.

Para Davenport (2000) as empresas "continuam a planejar sistemas complexos e caros de informação que não podem funcionar a não ser que as pessoas modifiquem o que fazem". Mesmo assim, essas empresas raramente identificam "em que exatamente" o comportamento e a cultura devem mudar, para que tais iniciativas sejam bem sucedidas.

Muitas organizações têm crenças favoráveis, outras tantas, crenças contrárias a certas tecnologias específicas. Em um projeto de implantação de ERP contrário às crenças da organização, o sucesso só pode ser alcançado se houver mudanças significativas nestas crenças. Nesta situação, não há como abrir mão de um trabalho prévio de reeducação da organização e dos indivíduos no novo sistema para que o mesmo seja aceito e para que se consiga atingir os resultados esperados.

O comprometimento das pessoas é potencializado e fica facilitado quando elas consideram a mudança como algo positivo para a realização das suas atividades. A implantação de um ERP facilita a geração de informações e o acesso às mesmas, pois promove um processo de integração e a democratização das informações na organização. Porém, tal situação será útil para os usuários do sistema à medida que eles saibam fazer uso destas informações e tenham bem desenvolvida uma cultura informacional compatível. Para isso, precisarão estar muito bem treinados e orientados.

Assim, é necessário que os usuários passem a usar as informações para o processo de tomada de decisão e que não tenham um comportamento de dono ou exclusividade sobre as informações. Isso é maléfico e cria barreiras ao processo de implantação do ERP.

Deve haver, portanto, uma educação para adaptar o comportamento informacional da organização. A organização precisará desenvolver uma cultura informacional compatível com os objetivos a serem alcançados com o ERP, ou seja, uma cultura que privilegie a troca de informações, a descentralização das decisões e uma visão organizacional baseada nos processos e não nas funções, conforme discutido anteriormente.

Para incentivar o uso correto, coerente e desejável do novo aplicativo, é importante, também, que a organização defina critérios de reconhecimento para aquelas pessoas que geram, usam, compartilham e, sobretudo, transformam em ação as informações disponíveis no sistema. Na prática, é necessário que as organizações incentivem a mudança da decisão baseada na intuição e percepção para a decisão baseada na informação.

Para Davenport (2000), existem 3 tipos fundamentais de comportamento que podem melhorar o ambiente informacional: "compartilhamento, administração da sobrecarga de informação e redução de significados múltiplos".

O compartilhamento das informações, dentro de uma organização, parece algo simples, claro e muito mais fácil do que é na realidade e na prática. Ao considerarmos, no entanto, que a posse e o controle das informações representa poder, passa-se a entender que isto é quase tão difícil quanto dividir bens materiais.

Davenport (2000) diz ainda, que o "compartilhamento deve ser entendido como um ato voluntário, ao contrário do processo de fornecimento de informações mediante solicitação que é um ato involuntário".

A troca voluntária de informações entre o departamento de desenvolvimento de produto e a Fábrica e entre esta e o departamento de vendas, são exemplos deste compartilhamento.

Ainda segundo Davenport (2000), "na maior parte das empresas ocidentais, nem a informação formal nem a informal fluem bem entre departamentos diferentes". Há diversas barreiras que dificultam o fluxo horizontal de informações: os sistemas baseados em função, as arquiteturas de informação incompatíveis, os ERPs e os aspectos culturais.

Um sistema de avaliação e recompensa individual ou mesmo departamental pode inibir o compartilhamento de informações entre departamentos e até mesmo entre pessoas de uma mesma área. Para Deming (1990), um sistema de avaliação individual gera uma cultura individualista e de concorrência dentro da organização, ao invés de uma cultura de grupo e de cooperação.

Quanto à sobrecarga de informações, Davenport (2000) diz que quando a informação está em todo o lugar, "o que acontece na maior parte das organizações, a mercadoria em menor oferta é a atenção. Quando proliferam os meios, as tecnologias e os tipos de informação, a única constante passa a ser nossa capacidade limitada de atenção".

O estabelecimento da cultura organizacional se dá na alta administração, mas os maiores responsáveis pela mudança da cultura organizacional são as gerências intermediárias e seus supervisores. Estes serão, possivelmente, os que têm a maior probabilidade de serem afetados com a implantação do ERP. Para Robbins (2002), "a substituição da supervisão direta por sistemas informatizados, por exemplo, tem aumentado a amplitude de controle dos administradores e 'achatado' as organizações. A sofisticação da tecnologia da informação também vem tornando as organizações mais ágeis".

Por isso, pode ser difícil para os gerentes defenderem um sistema que vai tirar poder, aumentar o controle e quem sabe reduzir cargos de gerência e supervisão. Portanto, tanto as organizações quanto os indivíduos, precisam se tornar mais flexíveis. Para que isto ocorra, é necessário que haja mudanças culturais. Conforme discutido anteriormente, culturas menos arraigadas podem se transformar em vantagem competitiva.

Para Robbins (2002), "as organizações bem-sucedidas serão aquelas que têm capacidade de mudar para responder aos estímulos do mercado. Elas terão de ser ágeis, desenvolver novos produtos rapidamente e colocá-los prontamente no mercado". Deverão ser flexíveis e contar com uma estrutura interna, igualmente flexível, que consiga se adaptar, rapidamente, às novas condições para competir neste contexto.

## 2.2.3.1 Resistência à mudança

A reação à mudança é um processo natural e normal que é disparado e tem duração até que se demonstre e se assimile que o novo sistema/processo é melhor e pode representar alguma vantagem em relação ao anterior.

A partir daí, em tese, a resistência à mudança deixa de existir. Assim, uma estratégia para conduzir uma mudança, segundo Ferreira *et al.* (1997), é motivar as pessoas para enfrentá-la, convencendo estas a encararem a mudança como um desafio, incentivando elas a considerarem um desafio pessoal e mostrando-lhes os benefícios que poderão ser conseguidos com a mudança.

Para Ferreira *et al.* (1997), existe uma predisposição natural das pessoas em se opor, em maior ou menor grau de resistência, às inovações que lhe são propostas. "esta situação ocorre porque o indivíduo terá que deixar uma situação inercial (confortável ou não, porém conhecida) e encarar uma nova situação, a princípio desconhecida e que provavelmente exigirá um esforço maior de adaptação".

De acordo com DuBrin (2003), a reação das pessoas à mudança se dá "quando elas têm medo de alguma situação desfavorável", por exemplo, perda de remuneração, inconveniências pessoais, aumento de trabalho, perda de relacionamento social, etc., ou apenas por terem medo do desconhecido e não quererem enfrentar uma nova situação, mesmo sem saber como será: se pior ou melhor que a situação anterior.

Para Stoner (1995) "podemos agrupar as forças de resistência em três classes amplas: a cultura organizacional, os interesses pessoais e as percepções individuais dos objetivos e as estratégias da organização".

> - **Cultura Organizacional**: sempre que a cultura da organização é voltada para a estabilidade dos processos, as mudanças se tornam muito mais difíceis. Quando a cultura dos empregados é compatível com a cultura da organização, os empregados consideram, também, como suas as possíveis perdas que a organização terá com a mudança e neste caso a

reação é ainda mais forte e sentida. Quando a reação à mudança se dá por fatores culturais (crenças e valores), ou seja, as crenças e valores das pessoas envolvidas não estão em concordância com a nova situação que precisará ser consolidada depois das mudanças, a melhor maneira de reduzir esta reação provavelmente será por meio de um processo de educação. A educação age sobre as crenças e valores das pessoas, modificando a sua atitude e conseqüentemente o seu comportamento.

– **Interesses Pessoais**: é normal que o empregado tenha como sua principal preocupação o seu bem estar. Assim, também é normal que um empregado resista a qualquer mudança que possa trazer algum prejuízo em relação ao seu *status quo*. Um dos fatores que causa a reação à mudança é o medo e a incerteza em relação à nova situação. Para Ferreira *et al.* (1997), "a insegurança e a ameaça são dois fatores que provocam resistência no indivíduo que não se sente em condições de aprender novas tarefas ou que sente que a mudança pode prejudicar a sua posição, o cargo que ocupa ou os benefícios já adquiridos na organização".

– **Percepção dos Objetivos e das Estratégias da Organização**: os processos de mudança bem planejados se dão de forma coerente e alinhada com os objetivos e estratégias da organização. O desconhecimento destes objetivos ou da estratégia para alcançá-los pode fazer com que os empregados passem a assumir uma postura de resistência à mudança. Para Ferreira *et al.* (1997), a má qualidade ou a ausência de comunicação com os envolvidos no processo "favorece um clima de intranqüilidade e incertezas dentro da organização, promovendo o surgimento de informações e interpretações diversas das pretendidas pelos agentes da mudança." Tal situação permite que os indivíduos levantem barreiras às mudanças, antes mesmo de tomarem conhecimento de seus objetivos.

A resistência à mudança não pode ser analisada somente como um fator negativo dentro de uma organização. A resistência à mudança garante, sob certos aspectos, uma certa estabilidade funcional para as organizações. Sob o ponto de vista negativo ela impede ou dificulta a melhoria dos processos.

Para Ferreira *et al.* (1997) a consciência de que há pontos falhos na proposta de mudança pode ser uma forma de resistência "bastante útil para a organização, haja vista que diferentes avaliações da situação representam um tipo de conflito desejável, que deve ser reconhecido e explorado pelos administradores, para tornar mais eficaz o projeto de mudança".

A reação à implantação de um ERP pode ser proveniente da convicção dos usuários de que este não irá atender as necessidades da organização.

Neste caso, a reação é benéfica, posto que ocorrerá a favor dos interesses da organização.

Segundo Stoner (1995):

> algumas vezes os empregados não compreendem ou compartilham a necessidade de um novo objetivo porque não têm a mesma informação que os seus gerentes. Em outros casos, os empregados podem resistir à mudança, porque têm informações que os gestores não possuem.

É difícil afirmar que a resistência à mudança é boa ou ruim, para a organização, uma vez que dependerá de cada contexto.

Para Robbins (2002), "as fontes de resistência individuais à mudança residem nas características humanas básicas, como percepções, personalidades e necessidades". Os motivos pelos quais as pessoas resistem às mudanças são: hábito, segurança, fatores econômicos, medo do desconhecido e processamento seletivo de informações.

O hábito é o costume de fazer a mesma coisa em determinadas situações e condições. O hábito pode evitar que a pessoa tenha que escolher entre diversas alternativas ou tomar decisões em situações do dia a dia. Para Robbins (2002) a vida já é suficientemente complexa; não precisamos avaliar todas as alternativas para cada uma das decisões que tomamos todos os dias. Quando nos defrontamos com a mudança essa tendência a responder de acordo com o costume transforma-se em fonte de resistência.

A mudança gera incerteza e, normalmente, traz alterações na estrutura de poder, na forma como as tarefas são executadas e mesmo na quantidade de postos de trabalho. Isto faz com que os indivíduos fiquem inseguros quanto aos seus empregos e quanto a sua posição na organização. Para Robbins (2002), "as pessoas com alta necessidade de segurança costumam resistir à mudança por se sentirem ameaçadas".

Com relação aos fatores econômicos, existe uma preocupação com a perda de remuneração quando ela está vinculada à produtividade. As mudanças geram alterações nas tarefas e, conseqüentemente, nas competências para executá-las. As pessoas ficam preocupadas em não ter a capacidade de desempenhar as suas novas tarefas com a mesma performance anterior.

A preocupação com o desconhecido é um dos pontos mais significativos no processo de resistência à mudança. De acordo com Robbins (2002), a mudança faz o conhecido ser substituído pela ambigüidade e pela incerteza, com todos os medos e inseguranças associadas a ela.

A resistência à mudança pode estar associada, também, ao medo da pessoa não ter a capacidade de absorver as habilidades e desenvolver as competências necessárias para executar as novas tarefas requeridas para a sua função.

Com o passar do tempo, devido ao ambiente e as experiências vividas as pessoas vão consolidando os seus valores e crenças. Em razão da cultura e dos conhecimentos, as pessoas vão constituindo a sua percepção do mundo. Robbins (2002) afirma que "depois de criado esse mundo, ele resiste a mudanças". Assim, as pessoas passam a processar de maneira seletiva as informações para blindar suas percepções. Ainda segundo o autor, "as pessoas ouvem apenas o que querem ouvir e ignoram informações que possam desafiar o mundo que construíram".

Figura 3 – Fatores que provocam resistência às mudanças
Fonte: Ferreira et al (1997)

Segundo DuBrin (2003), como forma de minimizar a resistência à mudança podem ser realizadas as seguintes ações:

- Educação e comunicação

a partir do momento que as pessoas estejam bem informadas sobre todo o processo e a lógica da mudança, e uma vez que estas estejam convencidas da sua necessidade e da sua importância, as pessoas tenderão a passar a apoiar na sua implantação.

A comunicação minimiza o efeito da resistência à mudança quando a causa desta resistência é a falta de informações e quando a mudança não vai contra as crenças e valores das pessoas envolvidas. A partir do momento em que a mudança esteja em desacordo com as crenças e valores dos indivíduos, a resistência só é minimizada pela educação, ou seja, demonstrando e convencendo as pessoas que a mudança será positiva para elas e para a organização e, assim esperando que elas mudem as crenças e os valores que geram as atitudes contrárias à mudança. O processo de educação age em cima das crenças e valores sendo dependente, basicamente, da vontade que as pessoas têm de mudar. Baseado no que foi estudado pode-se afirmar que a educação depende de um processo de comunicação efetivo, pois quanto melhor for a comunicação entre a organização e os seus membros maior será a possibilidade de se alcançar êxito no processo de educação. A boa comunicação potencializa a educação corporativa.

De acordo com DuBrin (2003), como a comunicação aberta é um processo que se dá em duas vias, ele leva à discussão e, conseqüentemente, a um processo de negociação. Isto faz com que seja necessário um processo de envolvimento dos empregados no processo de mudança e uma redução ou mesmo a erradicação da resistência.

– Participação e envolvimento

o processo de participação tende a gerar comprometimento e pode fazer com que as pessoas colaborem com o sucesso da mudança, pois se sentem co-responsáveis.

A participação deve envolver pessoas com competência para colaborar com o processo de mudança. Caso não exista esta competência, a participação pode reduzir as reações adversas, mas por outro lado, trazer um complicador tal como: a baixa efetividade do resultado ou mesmo o fracasso do processo de mudança.

Para Robbins (2002), "é difícil que uma pessoa resista a uma mudança da qual ela tenha participado da construção do processo. Antes que a mudança seja feita, os que se opõem a ela, quando possível, devem ser inseridos no processo decisório".

– Facilitação e apoio

é importante que em nos processos de mudança os responsáveis tenham controle de quais as pessoas que têm atitudes contrárias à mudança. Com estas informações e uma vez detectadas as causas das reações, os gerentes das mudanças devem direcionar ações para erradicar estas causas. Tais ações podem ser treinamentos para desenvolver novas habilidades, reuniões de esclarecimento para tentar mudar a atitude das pessoas, ou mesmo alguma forma de bônus financeiro para incentivar a participação das pessoas.

Para Ferreira *et al.* (1997), "a tarefa do responsável pela mudança é formar pessoas com espírito aberto às transformações, que acompanhem-no no processo, eliminar resistências destrutivas e erradicar a cultura da acomodação."

Para DuBrin (2003), uma forma de minimizar ou eliminar a resistência à mudança é "alertar para a necessidade de implantar a nova tecnologia para se manter competitivo no mercado". A estratégia pode ser destacar a necessidade de igualar ou suplementar o desempenho do concorrente, e não apenas alegar o baixo desempenho da própria empresa para justificar o processo de mudança. Outra forma de se trabalhar este processo é mostrando os ganhos financeiros que a organização espera obter com a implantação da mudança e os reflexos positivos que estes ganhos trarão na remuneração dos empregados. Conforme fundamentado durante este estudo, este procedimento será efetivo se houver credibilidade e confiança dos empregados na empresa e em seus representantes.

– Negociação e acordo

caso seja possível negociar com os indivíduos, o processo de mudança tende a se tornar mais fácil. Um efetivo processo de negociação prevê um equilíbrio entre perdas e ganhos. Um grupo com poder dentro da organização tende a reagir e mesmo evitar que as mudanças ocorram, devido ao medo de possíveis perdas. Em um processo de negociação as perdas poderiam ser compensadas por algum tipo de ganho. Ocorre que um problema nesta estratégia é o custo elevado que pode resultar do processo de negociação. Outro risco da negociação segundo Robbins (2002) é que, para evitar a resistência de um grupo, o agente da mudança pode ficar vulnerável e exposto à chantagem e boicotes por parte de outros grupos.

– Manipulação ou cooptação
para Robbins (2002), "o processo de manipulação se refere a tentativas de influenciar disfarçadamente". Como formas de manipulação podem-se citar: a distorção de fatos para torná-los mais atraentes, a sonegação de informações indesejáveis e a criação de falsos rumores para induzir os funcionários a aceitar as mudanças que se tenta estabelecer. O processo de manipulação pode trazer resultados imediatos, no entanto, no futuro, quando as pessoas se derem conta que foram enganadas ou tendo a oportunidade de reagir, tentarão reverter o processo de mudança.

Segundo Robbins (2002), a cooptação é "uma mistura de manipulação com participação". É uma forma de tentar conquistar os líderes dos grupos de resistência oferecendo a eles papéis-chave nas decisões sobre as mudanças para buscar o seu envolvimento e, conseqüentemente, o seu comprometimento com o processo.

– Coerção:
para DuBrin (2003), a coerção explícita e implícita pode ser uma técnica para minimizar a resistência à mudança. Os gerentes, muitas vezes, forçam as pessoas a aceitar as mudanças fazendo

ameaças diretas ou indiretas. Tais ameaças podem incluir a perda de emprego, uma referência negativa após o empregado deixar a empresa, transferência de função ou geográfica.

Um modo indireto dos indivíduos reagirem à mudança, é assumindo comportamentos defensivos, ou seja, eles não reagem diretamente contra a mudança, no entanto assumem um comportamento de forma a evitar determinadas ações.

Para Robbins (2002), existem seis meios conhecidos para as pessoas agirem de forma defensiva, de modo a evitar que a tarefa seja executada, sem se recusar a executá-la: superconformação, transferência de responsabilidade, fazer-se de bobo, despersonalização, esticar e suavizar e protelação.

No processo de superconformação a pessoa se limita a seguir as regras estabelecidas e a cumprir as tarefas prescritas. Para Robbins (2002), "a adesão rígida a regras, políticas ou precedentes evita a necessidade de serem consideradas as nuances de um caso". No processo de transferência de responsabilidade, Robbins (2002) diz que "você transfere para a outra pessoa a responsabilidade pela execução de uma tarefa ou a tomada de decisão". Quando o processo trata-se de fazer-se de bobo, o indivíduo alega desconhecimento ou incapacidade de realizar a tarefa. No caso da despersonalização a pessoa assume um comportamento de alienação em relação ao processo de mudança. As pessoas, intencionalmente, não se envolvem com o processo de mudança, mantendo-o à distância, como se não tivessem nenhuma responsabilidade sobre este. Esticar e suavizar é quando se prolonga a execução das atividades para parecer ocupado e não assumir novas responsabilidades (esticar) e suavizar significa disfarçar as irregularidades no esforço ou nos resultados. O processo de Protelação é a tática de parecer favorável ao processo em público, porém não tomar nenhuma ou quase nenhuma ação para a execução das tarefas relacionadas com o processo na prática.

Todo o processo de gestão da mudança está no diagnóstico e na percepção das causas que geram a reação ou a motivação para a mudança. De acordo com Bowditch e Buono (2002) "a teoria da atribuição trata daquilo que as pessoas identificam como sendo as razões ou causas aparentes para o comportamento e a motivação".

Assim, os responsáveis pela mudança devem identificar as causas tanto para o comportamento motivador quanto para o de reação, desenvolvendo em seguida ações preventivas que busquem a mitigação das possíveis reações à implantação da mudança, reforçando as causas que motivam a participação no processo de implementação. Deste modo, cada mudança é uma situação exclusiva, pois envolve pessoas e situações diferentes.

De acordo com Bowditch e Buono (2002), "pessoas diferentes organizam suas percepções da realidade de maneira diferente, exclusivamente suas. Tais diferenças podem motivar prontamente as maneiras como as pessoas reagem às práticas organizacionais".

Para Bowditch e Buono (2002), "apesar de muitos fatores influenciarem no processo de percepção, o principal determinante é a personalidade do indivíduo. A personalidade tende a agir como uma espécie de filtro perceptivo ou quadro de referência, que influencia nossa visão do mundo".

2.2.4 Gestão da mudança

Robbins (2000), reiterando que a necessidade de adaptação das organizações exige ambientes dinâmicos e de constantes mudanças, afirma que "a implementação de programas de mudança planejados, é absolutamente necessária".

Tal adaptação está levando as organizações a investirem em capacitação tecnológica e humana, alterando suas visões do mundo empresarial. As forças impulsionadoras das mudanças são provenientes de vários aspectos, como por exemplo, natureza dos recursos humanos (diversidade cultural, capacitação profissional, habilidades e competências), tecnologia (informática e automação, programas de Qualidade Total, programas de reengenharia), choques econômicos (flutuações e quedas das bolsas de valores, flutuações das moedas), competição (globalização, aquisições e fusões, crescimento dos fornecedores), tendências sociais (escolarização, redução da idade de maturidade, aumento do número de divórcios) e política internacional (protecionismo, guerras, racismo, xenofobia), acontecendo a um ritmo cada vez mais veloz (ROBBINS, 2000).

De acordo com Oliveira (1995), o conceito de mudança ainda não está bem claro e sedimentado na bibliografia da Administração e afirma: "ainda que considerando que existe uma grande quantidade de textos disponíveis (livros, artigos, textos de entrevistas e conferências, reportagens) tratando do tema, de fato quase nada ali se diz acerca do conceito propriamente dito de mudança, sobre o que os autores entendem na realidade como sendo esse fenômeno".

Assim, o termo mudança pode ter várias conotações e tratamentos. Para Oliveira (1995), "deve-se adotar o termo mudança quando ocorrem alterações ou transformações no contexto em que a organização opera. Pode-se também adotar o termo mudança quando a organização empreende ações para se ajustar a esse contexto".

De acordo com Oliveira (1995), a mudança pode assumir três formas:

> – Mudança linear. Progressiva, onde um sistema vai se afastando de seu estado inicial aos gradativamente podendo ser comparado com o estágio atual, medindo seu desempenho ou grau de efetividade;
> – Mudança caótica. Quando a partir de um ponto inicial surgem novos acontecimentos sobrepostos uns aos outros, tornando-se incontroláveis e dificultando o discernimento quanto a um gerenciamento eficaz;
> – Mudança abrupta. Quando ocorre de forma inesperada, repentina, desconhecida a ponto de alterar rumo, direção ou sentido da estratégia. Verifica-se, sobretudo na última década, um maior interesse de vários autores que elaboraram conceitos e modelos de Gestão de Mudanças cada vez mais adaptados às novas tendências.

Cunha e Rego (2002) propõem as diferenças, vantagens e limitações entre duas formas de mudança, a planejada e a emergente. Dizem que é necessário considerar as duas formas durante o processo de mudança, onde a primeira é conduzida segundo um processo preestabelecido e a segunda se desenha de forma não prevista, em resposta a problemas e especificidades locais.

"Falam ainda que a desatenção a segunda componente explica a resistência em reconhecer às mudanças improvisadas em um papel central na renovação organizacional" (CUNHA e REGO, 2002). Isto remete para três aspectos importantes, o planejamento, a emergência e a improvisação. Em síntese, segundo os autores, "a mudança não é apenas um processo planejado para gerir a organização, mas sim que se auto-organiza para atender as adaptações estratégicas necessárias" (CUNHA e REGO, 2002).

Pettigrew e Whipp (*apud* OLIVEIRA, 1995) afirmam que não há regras fixas para as mudanças organizacionais. Dizem: "o que vale mesmo, para que a mudança seja bem-sucedida, é a sensibilidade que aqueles que lideram possam ter para o que acontece no ambiente corporativo."

### 2.2.4.1 Modelos de gestão de mudanças

Para que os fatores intervenientes nos processos de mudança possam ser compreendidos, foram estudados alguns autores que apresentam modelos de Gestão de Mudanças.

Pode-se verificar que esses modelos preocupam-se, sobretudo, em tratar como os líderes das organizações deveriam passar a perceber a realidade, lidar com paradigmas, perceberem-se a si mesmos, reconhecer o valor dos indivíduos e dos grupos, e sugerir metodologias para a gestão dos processos de mudança.

Nestas últimas duas décadas muitos autores conceituaram e experimentaram diversas situações na busca de atender essa forte demanda por modelos de apoio às atividades de administração das organizações. Alguns exemplos:

Kotter (1997) apresenta oito fatores críticos para a eficácia na liderança da mudança; Hanks (1998) propõe mapas de atitude para os líderes da mudança se prepararem para mudanças constantes; Kerr e Ulrich (*apud* BECKER, HUSELID e ULRICH, 2001) aplicaram sete fatores de mudança na General Eletric; Kaplan e Norton (2001) propõem um modelo de avaliação do desempenho para impulsionar a mudança (cinco princípios básicos para organizações orientadas para a estratégia); Hammer (2002), no seu livro "A Agenda", aponta seis fatores críticos de sucesso para preparar as organizações perante as mudanças constantes previstas para o século XXI; e Cunha e Rego (2003), apresentando um modelo baseado no de Kotter (1997), fazem uma distinção sobre as importâncias da Liderança e da gestão, sustentando que o trabalho das duas garante o êxito de um processo de mudança planejado. Becker, Huselid e Ulrich (2001) afirmam que qualquer lista de verificação, fazendo uma alusão aos modelos de mudança, é muito mais relevante do que tentar escolher a melhor delas entre várias possibilidades. Dizem ainda "que o mais importante é ter disciplina sobre como fazer a mudança e não sobre o que fazer".

O modelo proposto por Kotter (1997) tem sido percebido como flexível e adaptável às organizações de vários portes no sentido de implantar a mudança planejada. É um modelo com preocupações didáticas e pedagógicas, com figuras e quadros ilustrativos. Os outros modelos avaliados consideram aspectos também importantes como estratégia, liderança e aprendizagem. Apesar de bastante abrangentes não apresentam um conjunto de etapas específicas para a condução da mudança tão simples e objetivo, o que é aceitável em função da complexidade do processo.

O modelo dos pontos críticos para a implantação da mudança de Kotter (1997) ainda é bastante atual. Kaplan e Norton (2001) fazem referência aos conceitos de Kotter (1997) ao fazerem a proposta de uma nova abordagem do *Balanced Scorecard System* como "sendo um modelo para o processo de condução e comprovação das mudanças nas organizações através do uso de indicadores de desempenho". Segundo Cunha e Rego (2003), o modelo de Gestão da Mudança denominado V.I.A.R.M.A., por eles proposto, baseado também no modelo de Kotter (1997), aborda tanto as habilidades em liderança quanto em gestão como bases para garantia do êxito da mudança planejada. No livro mais recente de Kotter e Cohen (2002), "O coração da mudança", este mantém as bases do modelo original por ele proposto, incluindo experiências da Liderança na transformação do comportamento dos liderados.

Segundo Kotter (*apud* Senge, 2000, p. 16), é importante que se compreenda o porquê dos esforços de transformação empresarial, empregados pela alta administração, terem conduzido apenas a um máximo de 50% de eficácia, encontrando-se casos de empresas bem sucedidas e outros de insucesso. É importante observar também, segundo o autor, "que a grande parte delas que ficam entre esses dois extremos também tendem ao fracasso".

## 2.2.4.1.1 O processo de oito etapas de Kotter (1997)

O processo de se estabelecer fases, etapas ou passos para auxiliar na compreensão de uma seqüência ou sistemática de ações ou atividades é fundamental para conduzir a implantação de uma mudança permitindo o controle da sua efetividade.

Segundo Kotter (1997), existem oito erros comuns nos processos de Gestão de Mudanças que precisam ser observados. O autor propõe oito fatores a serem trabalhados pela liderança que trabalha a gestão da mudança no sentido de alcançar a efetividade no processo de transformação organizacional. Tais erros, via de regra, perpetrados pelas organizações, "foram definidos buscando perceber por que as empresas falham nos processos de mudança organizacional e na tentativa de justificar a sua proposta de gestão de mudanças" (KOTTER, 1997). Por meio deles, o autor sugere um conjunto de oito etapas para auxiliar a liderança na condução do processo de implantação e gestão da mudança. Os oito erros propostos por Kotter (1997) são:

1. Permitir complacência excessiva;
2. Falhar na criação de uma coalizão administrativa forte;
3. Subestimar o poder da visão;
4. Comunicar a visão de forma ineficiente;
5. Permitir que obstáculos bloqueiem uma nova visão;
6. Falhar na criação de vitórias de curto prazo;
7. Declarar vitória prematuramente;
8. Negligenciar a incorporação sólida de mudanças à cultura corporativa.

Mudanças são sempre complexas, difíceis e traumáticas, principalmente quando uma organização "já tentou melhorar seu desempenho organizacional através de reestruturações organizacionais, fusões e aquisições, programas de Qualidade Total, etc". (KOTTER). Segundo o autor, "as pessoas, além de não se predisporem a mudanças, não foram preparadas para o aumento da velocidade de tomada de decisões que o mercado atual exige".

Segundo Kotter (1997), o processo deve ser trabalhado de acordo com o seu modelo para aplicação de conceitos e técnicas de Gestão de Mudanças, apresentando uma seqüência de oito etapas para prevenir ou eliminar os oito erros apontados como cruciais no fracasso da implementação de mudanças organizacionais.

Para Kotter (1997), gerenciamento: "é um conjunto de processos que podem manter um complicado sistema de pessoas e tecnologias funcionando satisfatoriamente", e Liderança: "é um conjunto de processos que cria organizações em primeiro lugar, ou adapta elas para modificar significativamente as circunstâncias". É importante esta distinção, para que se estabeleçam algumas diferenças entre as atitudes de gestão usuais na maioria das empresas e uma nova proposta que permita gerir eficazmente as mudanças necessárias nos tempos modernos. Para Kotter (1997) enquanto a Liderança gera visão e estratégias, o gerenciamento gera planos e orçamentos, onde a visão apresenta-se como um quadro sensato e atraente do futuro viabilizado por padrões (estratégia) que se debruçam sobre como a visão pode ser alcançada.

Planos são as características das ações que apresentam cronograma de execução, projetados com base no atendimento de metas e resultados financeiros. "Observa-se na prática, a tentativa de tentar resolver a falta de Liderança com a troca da gerência desdenhando-se os aspectos mais importantes do gerenciamento que são: planejamento e orçamento, organização e recrutamento de pessoal, controle e solução de problemas" (KOTTER, 1997).

Tais aspectos produzem um grau de "previsibilidade e ordem trazendo resultados de curto prazo enquanto que os aspectos mais importantes da Liderança tais como o estabelecimento da orientação, o alinhamento das pessoas (visão compartilhada), a motivação e inspiração, produzem criatividade e inovação traduzindo-se em competitividade" (KOTTER, 1997).

As oito etapas sugeridas por Kotter (1997) consideram que os gestores das organizações devem ser competentes quanto ao gerenciamento e hábeis quanto à Liderança que guia as mudanças organizacionais, conseguindo configurar e gerir a mudança ao mesmo tempo.

2.2.5 Aspectos relacionados à gestão da mudança em projetos de TI

De acordo com Chinelato Filho (1999), "a máquina nada mais é do que um instrumento para facilitar e aumentar a produtividade dos sistemas organizacionais. O uso da TI deve ser precedido de um meticuloso estudo organizacional".

Rezende e Abreu (2000), afirmam que "o efeito da Tecnologia da Informação e seus recursos, sem organização antecipada, não atinge seu principal objetivo de auxiliar a empresa em todos os seus processos e níveis de ação". Por isso, pode-se afirmar que o *software,* o computador e seus periféricos são apenas importantes instrumentos de organização e não um fim em si mesmo. A Tecnologia e suas ferramentas devem ser trabalhadas nas organizações como meio, e não podem vir antes dos processos de negócio.

De acordo com Jacobs e Whybark (2000), "é importante um trabalho de gerência antes de implementar um ERP e este processo não pode ser delegado para alguém que não conheça, profundamente, os processos da empresa". Um ERP tem um elevado nível de complexidade para ser configurado e, portanto, requer uma clara especificação dos relacionamentos entre as funções interdepartamentais, uma definição dos dados comuns e um bom entendimento de como o negócio é feito, em todos os departamentos.

Em um projeto de implantação de ERP, é muito importante que se faça uma revisão e reavaliação dos processos, analisando quem faz, porque faz e para quem faz cada atividade dentro dos processos de negócio. Logo, quando a empresa, além da implantação do ERP, está preocupada em alterar seus processos de negócio, a escolha por uma empresa de consultoria qualificada é importante, pois em tese, ela possui, em seus quadros profissionais qualificados para auxiliar no processo de mudança.

Segundo Lozinsky (1996), "consultores empresariais são profissionais que se especializaram em desenvolver técnicas e metodologias que permitem lidar com as questões de processos, de administração, de gestão e de informática das empresas, seus clientes".

De acordo com o mesmo autor (1996), analisando o resultado de várias pesquisas sobre os fatores de sucesso na implantação de ERPs, "verifica-se que os mesmos, na sua grande maioria, estão relacionados às pessoas". As questões tecnológicas, normalmente, aparecem em menor número, o que confirma e valida as questões discutidas anteriormente.

Um processo de mudança, como a implantação de um ERP, requer da organização uma readequação cultural e organizacional para que esta se adapte à nova condição a ser estabelecida com a ferramenta.

De acordo com Kanaane (1995), os executivos deverão ser mobilizados para que possam refletir sobre seu papel profissional frente a hábitos, atitudes e comportamentos estabelecidos num dado contexto, implicando a aprendizagem de conceitos e posturas compatíveis com a 'nova situação emergente'.

Paralelamente, um processo de educação deve ser deflagrado, pois a nova situação irá requerer novos valores, normas e hábitos. Segundo Langenwalter (2000) "para quem pensa que educação e treinamento representam custos muito altos, tente a ignorância e veja os resultados".

A implantação de um ERP envolve mudanças nos aspectos técnicos, cognitivos e comportamentais dentro da organização. De acordo com Kanaane (1995), é preciso considerar que as pessoas (subordinadas e dirigentes) "são seres inacabados, incompletos, com possibilidade de crescimento e aprimoramento constantes em termos de relacionamento humano e interpessoal, além da capacitação técnica".

A implantação de um ERP pode representar, para a empresa, a necessidade de adaptação em termos de espaço físico, processos e procedimentos administrativos, estrutura organizacional (eliminação, fusão e criação de órgãos, alteração de níveis hierárquicos e estrutura de poder), estilo, filosofia de gestão e relacionamento entre órgãos e pessoas. Existe uma forte discussão sobre a necessidade de treinamento para os usuários antes da implantação de um ERP. No entanto, pouco se discute sobre a necessidade de educar os usuários e as pessoas envolvidas no processo de implantação. A diferença básica entre treinamento e educação neste sentido, é que o treinamento atua nas habilidades, no como fazer (como utilizar o ERP), enquanto que a educação atuará sobre as atitudes das pessoas, uma vez que explica o porquê do ERP, mostrará ganhos e benefícios que trazidos para as pessoas, áreas e empresa como um todo.

De acordo com Langenwalter (2000), a educação é fundamental "para que o time do projeto e os usuários envolvidos desenvolvam e busquem o aproveitamento máximo dos recursos propiciados pelo aplicativo e, como conseqüência, consigam atingir os objetivos e resultados esperados da organização". Para o aproveitamento de toda a recursividade do ERP em toda a organização, a educação sobre o novo aplicativo não deve ser limitada, somente, aos seus usuários, mas também, a todas as pessoas afetadas por ele.

Em uma implantação de ERP, é fundamental que as pessoas, na organização, desenvolvam uma cultura informacional coerente com as potencialidades do novo sistema: investir na implantação de uma ferramenta que traz uma série de funcionalidades e recursos não será vantajoso se as pessoas permanecerem executando as suas tarefas da mesma forma que faziam antes.

Stoner (1995) sugere a existência de cinco fatores que determinam a resistência na implementação de um sistema de informação:

a) Mudanças nas fronteiras departamentais: com a implementação de um sistema de informação, normalmente, ocorrem mudanças na estrutura organizacional, que resultam na extinção ou fusão de departamentos ou divisões. Tal situação pode gerar resistência tanto por parte dos empregados quanto dos gestores dessas áreas.

Os ERPs propiciam o controle e o processo de tomada de decisão. Por esta razão, o processo deveria ter apoio incondicional dos gestores da organização. Porém, quando eles se sentem ameaçados pelo novo ERP, podem se tornar o maior foco de resistência à implantação. Neste caso o processo de mudança se torna, perigosamente complexo.

b) Mudanças no sistema de comunicação: a implantação de um ERP muda os padrões de comunicação existentes, tanto os formais quanto os informais. Um aplicativo desta natureza democratiza e oficializa o processo de comunicação dentro da organização. Os colaboradores e gestores podem resistir aos canais formais criados pelo aplicativo, pois com a democratização do acesso às informações existe a perda de poder e prestígio tanto pela diminuição da importância das informações informais quanto pela posse das informações oficiais, como visto anteriormente.

c) Mudanças na situação individual: o conhecimento dos processos e do aplicativo gera prestigio e poder, principalmente, para os empregados mais antigos. A implantação de um novo aplicativo altera os processos e sistemas existentes, fazendo com que as pessoas tenham que se readaptar as novas definições. Por isso, normalmente, as reações são mais intensas nos empregados mais antigos na organização, posto que eles precisarão reaprender os processos e sistemas que eles dominavam plenamente anteriormente, ao passo que os mais novos ainda não tinham investido muito tempo na aprendizagem dos sistemas antigos. Alterações em sistemas e processos tendem a colocar em igualdade de condições empregados, independente do seu tempo na função.

d) Falta de coerência entre o novo sistema e a cultura organizacional: caso a cultura organizacional seja de centralização das informações e decisões e a postura da organização de maior rigidez, com pouca flexibilidade, o processo de resistência às mudanças será mais intenso do que em uma organização flexível onde os empregados têm acesso às informações e onde as decisões são descentralizadas.

e) Falta de participação dos usuários na implementação do sistema: a intensidade da reação interna ao novo ERP dependerá de como o processo de mudança tenha sido projetado e implementado. Quando há uma efetiva participação dos usuários no processo de mudança e implantação do ERP, a probabilidade do novo aplicativo ser aceito é muito maior.

De acordo com Langenwalter (2000), como razões para o insucesso na implantação de um sistema de informação, pode-se verificar:

- Quando as pessoas não querem que o novo ERP seja bem sucedido. Neste caso, provavelmente, ele não o será. O que, geralmente tende a levar as pessoas a este tipo de comportamento é o medo pela perda de emprego.

- Quando as pessoas estão satisfeitas com o sistema atual e não acham necessária a implantação de um novo ERP. Quando o sistema antigo funciona bem e os usuários estão satisfeitos com ele ou quando a empresa tem um bom desempenho é difícil conseguir uma mobilização adequada dos usuários para que eles tenham interesse em cooperar na implantação da nova ferramenta.

Nesta situação, uma boa política pode ser a de selecionar pessoas que reclamam da ferramenta atual ou mesmo do desempenho atual da empresa para integrar a equipe de implantação do ERP.

Outro método que eventualmente pode ser empregado é alterar o comportamento dos usuários apelando para a conscientização de que não havendo mudanças a empresa irá perder a competitividade e existirá o risco de desemprego, ou ainda que o novo ERP irá trazer vantagens para as áreas e usuários na realização das tarefas, no enriquecimento intrínseco do trabalho e na conseqüente valorização de cada um.

- Quando as pessoas têm expectativas exageradas (não realistas) a respeito do novo sistema. O exagero nas expectativas criado durante o período de venda e implementação do sistema cria dificuldades para o processo de implantação em função do clima de decepção e desconfiança. O aplicativo é vendido como solução para todos os problemas e depois que ele entra em uso, as pessoas e áreas se dão conta de que a simples implantação do ERP não trará melhorias, e que, em alguns casos, ao entrar em produção o desempenho da empresa terá um certo declínio, até que os processos e as pessoas se adaptem ao novo ERP.

Uma forma de reduzir este problema é visitar empresas que já tenham implantado o ERP, conhecer os seus casos, entender como ocorreram os seus projetos e verificar quais as dificuldades enfrentadas, bem como os benefícios obtidos com a sua implantação. Após a realização das visitas é importante que a real situação a ser vivida a partir da implantação da nova ferramenta seja repassada para a organização e seus usuários. É fundamental que todos estejam com as expectativas fortemente alinhadas para que se evitem frustrações no futuro.

- Quando as pessoas não entendem os conceitos básicos do novo sistema. Esta situação poderá gerar um comportamento inadequado por parte das pessoas. É importante que haja uma preparação para o novo ambiente informacional. O gerente do projeto deve ter consciência da necessidade de educação e treinamento necessário ao novo ERP.

- Quando a base de dados não é correta. Outro fator que traz dificuldades para a aceitação do novo aplicativo é a inconsistência na importação dos dados históricos, ou ainda, problemas na própria integração de alguns módulos do novo aplicativo em função de erros cadastrais. Erros ocorridos no início da operação do ERP podem fazer com que os usuários percam a confiança na nova ferramenta, passando a criticar e reagir ao seu uso.

– Quando o sistema apresenta dificuldades técnicas. Problemas na escolha do ERP e no projeto de implantação e dimensionamento inadequado do *hardware* causam dificuldades técnicas na operação do sistema que, por sua vez, causam um comportamento reativo por parte das áreas e usuários.

De acordo com Stoner (1995) e DuBrin (2003), a reação à implementação de um ERP pode se manifestar por meio dos seguintes processos mentais e comportamentos defensivos:

> – A agressão é quando o usuário reage ao ERP usando-o de forma incorreta, colocando informações incompletas ou inadequadas ou mesmo causando danos ao sistema.
> – A projeção é quando o usuário ou as áreas reagem ao ERP acusando-o como culpado pelos erros, problemas ou falta de melhores resultados, que ocorrem por outros motivos não relacionados com o sistema, ao invés de assumir a sua incapacidade de tirar o melhor proveito das informações que o sistema gera ou poderia gerar.
> – Evitação é quando os usuários e áreas reagem ao ERP não fazendo uso do mesmo. Eles preferem utilizar as suas próprias fontes de informação.
> – A negação é uma forma do ser humano se proteger contra informações desfavoráveis ou mesmo dolorosa para ela, ou seja, muitas vezes a pessoa nega para si e para os outros que a informação sequer existe.

No caso da implementação de um ERP, um colaborador da organização com medo do sistema causar riscos ao seu emprego, ao seu *status quo*, ou mesmo, trazer dificuldades adicionais para a realização das suas tarefas, pode assumir um comportamento de alienação em relação a todo o processo, agindo, na prática, como se o mesmo não existisse. Nesta situação, a sua participação e colaboração serão mínimas ou na maioria das vezes inexistentes.

A esteriotipagem implica em avaliar um fato (percepção) tomando por base a percepção de um grupo ou classe a qual ele pertence. Desta forma durante a implantação de um ERP, os usuários tenderão a perceber a situação da mesma forma como ela ocorreu na maioria das situações anteriores. Por exemplo, se a informação de que a implantação de aplicativos semelhantes, em outras empresas, foi negativa, não trouxe bons resultados ou gerou a perda de alguns postos de trabalho, a percepção é de que o mesmo poderá se repetir.

Já o efeito halo implica em "colorir" o que se sabe a respeito de algum fato, tanto positiva quanto negativamente. Assim, durante a implantação de um ERP, pode-se exagerar na expectativa dos resultados esperados, como visto acima, em função de comentários e histórias de sucesso de implantações anteriores ou decretar a morte antecipada do sistema em função da informação de casos de insucesso.

No que se refere à percepção seletiva, de acordo com DuBrin (2003), ela é utilizada pelas pessoas quando elas "concluem sem nenhuma justificativa provinda de uma situação nebulosa".

Há uma crença nas organizações que a implantação de um ERP possibilita uma redução na mão de obra necessária. Este comportamento pode ser minimizado ou evitado se a empresa garantir a permanência das pessoas ou em caso de necessidade, promover a redução das pessoas envolvidas num processo, por meio da realocação para outras áreas ou novas atividades, ou mesmo, pela adoção de programas de aposentadoria.

Outro fator importante que gera um comportamento de resistência por parte das pessoas, em relação ao novo ERP, é quando ele dificulta a execução das tarefas. Esta dificuldade pode se dar de duas formas:

Tanto pelo desconhecimento do uso do ERP: a reação pode ser mitigada por meio de um eficiente programa de treinamento, como pelo enriquecimento das tarefas: a reação pode ser mitigada por meio do reconhecimento dos gestores, pela adequação da remuneração e das recompensas, em relação às novas tarefas executadas.

A reação à implantação de um novo ERP ocorre, também, pelo receio das pessoas não terem a qualificação necessária para exercer as novas funções. Esta reação pode ser reduzida ou mesmo erradicada caso haja uma preparação adequada dos usuários para o novo ERP. Este medo está associado, também, a perda de poder e de prestígio que as pessoas detinham na organização, pois uma vez alterada a forma de realizar as tarefas, passa a existir um nivelamento entre os mais novos e os mais antigos, já que a tarefa passa a ser uma novidade e um desafio para ambos. A democratização da informação dificulta a existência de feudos da informação dentro da organização.

De acordo com Langenwalter (2000), "os resultados alcançados com o uso da TI estão diretamente relacionados com o comportamento e a postura dos usuários em relação a ela". Ainda segundo o autor, "de nada adianta possuir uma tecnologia de última geração se o uso que as pessoas fazem dela não for adequado." Uma organização em desvantagem tecnológica onde as pessoas fazem o melhor uso possível da mesma, poderá obter resultados iguais ou melhores do que uma empresa que usa tecnologia de ponta, mas as pessoas não possuem um comportamento favorável ou mesmo não têm interesse que o sistema seja bem sucedido. O autor conclui dizendo que "somente o espírito humano é capaz de imaginar o impossível e depois torná-lo possível". Como fechamento, apresenta alguns fatores que reduzem a reação à implantação de um sistema:

> – Orientação para o usuário: caso o sistema atenda as necessidades dos usuários a tendência é de que eles não reajam ao novo ERP;
> – Participação: a participação tende a gerar comprometimento e um sentimento de co-responsabilidade nas pessoas envolvidas no processo;
> – Comunicação: o propósito do ERP deve ser comunicado a todos os usuários (LANGENWALTER, 2000)

A análise das diversas teorias mostra que cada organização possui uma cultura, um conjunto de valores que, para serem trabalhados, precisam ser identificados, compreendidos e respeitados. Quanto maior a abrangência de um projeto, maior a quantidade de pessoas a serem envolvidas e que serão afetadas direta ou indiretamente pelo projeto. Conseqüentemente, maior será o efeito da mudança, que será mais ou menos devastador dependendo da forma como esta venha a ser trabalhada. Esse entendimento é necessário e crucial para que seja possível discutir e propor quaisquer alternativas metodológicas de implantação de ERPs, bem como avaliar os efeitos as causas e fazer

quaisquer tipos de propostas de trabalho de gestão de mudanç
de implantação de ERP.

## 3 ASPECTOS METODOLÓGICOS

Este capítulo fornecerá uma visão sobre os aspectos metodológicos que foram aplicados durante a elaboração deste estudo. Serão demonstrados ainda, os instrumentos e como se realizou a captação do material que foi utilizado para se obter os resultados que serão apresentados neste trabalho.

### 3.1 OBJETIVO DA PESQUISA

Conforme aberto no primeiro capítulo, o objetivo principal deste trabalho é descrever e analisar como ocorrem os processos de implementação de sistemas ERP, verificando, nas empresas pesquisadas, quais benefícios e dificuldades ocorreram em função do uso das metodologias clássicas, como e porque ocorreram, e o que ocorreu quando foi aplicada uma abordagem orientada a Gestão de Mudanças, buscando contribuir para o delineamento de um modelo teórico que relacione estes benefícios e dificuldades às características dos sistemas ERP e ao contexto onde esses sistemas estão inseridos.

A fim de se atingir o objetivo principal, foram delineados os seguintes objetivos específicos:

a) Identificar um referencial teórico inicial para guiar a realização do estudo empírico;

b) Realizar um estudo empírico com o objetivo de verificar e descrever como ocorreram os processos de implementações dos sistemas ERPs nas empresas pesquisadas, e quais as dificuldades encontradas para estes no que diz respeito à abordagem metodológica, mais especificamente nos aspectos relacionados à Resistência a Mudanças;

O primeiro objetivo específico foi atendido por meio do levantamento bibliográfico e das considerações apresentadas no capítulo 2. O segundo objetivo específico, será atendido através da abordagem realizada no capítulo 4 deste trabalho. A seguir, será apresentada a definição do tipo de pesquisa, o detalhamento da metodologia empregada e a descrição dos procedimentos utilizados para análise dos resultados.

## 3.2 TIPO E METODOLOGIA DA PESQUISA

A pesquisa empírica que está sendo realizada neste trabalho é de natureza qualitativa e foi conduzida pelo método de estudos de casos múltiplos. De acordo com Strauss e Corbin (1990), pesquisas qualitativas são qualquer tipo de pesquisa que chega às suas conclusões por meios distintos de procedimentos estatísticos ou outros meios de quantificação, podendo este tipo de pesquisa ser utilizado para descobrir e entender o que está por trás de fenômenos sobre os quais pouco ainda se conhece ou para se obter novos pontos de vista sobre coisas das quais já se conhece bastante.

Para Godoy (1995), a pesquisa qualitativa não procura enumerar e/ou medir os eventos estudados: parte de focos ou questões de interesse amplo que vão se definindo à medida que o estudo se desenvolve. De acordo com a autora, muitos dos aspectos envolvidos só serão percebidos no transcorrer da execução da pesquisa empírica, ao contrário de uma pesquisa quantitativa onde o pesquisador conduz seu trabalho a partir de um plano estabelecido a priori, com hipóteses claramente especificadas e variáveis operacionalmente definidas.

A autora diz ainda que, quando o estudo é de caráter descritivo e o que se procura é o entendimento do fenômeno como um todo, na sua complexidade, é possível que uma análise qualitativa seja a mais indicada. Para Selltiz *et al.* (1965), os estudos realizados para adquirir familiaridade com um fenômeno ou obter novos discernimentos sobre ele, muitas vezes para a formulação de um problema mais preciso de pesquisa ou para desenvolver hipóteses são geralmente chamados de estudos formulativos ou exploratórios, onde a ênfase está na descoberta de idéias e discernimentos.

A natureza exploratória e qualitativa da pesquisa empírica proposta é justificável, uma vez que, objetivando a ampliação dos conhecimentos a respeito de ERPs, pretende-se observar a sua implementação e utilização dentro do contexto empresarial, buscando identificar novos aspectos envolvidos e novas relações entre estes e aspectos levantados na literatura, procurando-se delinear modelos teóricos que descrevam o fenômeno. Esse enfoque pode ser considerado válido uma vez que o fenômeno que se pretende estudar (a implementação de ERPs) é um campo de estudos acadêmicos relativamente novo, existindo ainda poucos trabalhos a ele relacionados. Mesmo sabendo que a implantação desses sistemas tenha se iniciado em grandes empresas no começo dos anos 90, somente a partir de meados desta década os primeiros resultados começaram a ser apresentados e discutidos na imprensa especializada, principalmente na americana. Quanto a trabalhos acadêmicos a respeito de ERPs, os mesmos só começaram a surgir mais recentemente, a partir do final de 1.998. Durante o levantamento bibliográfico para esta pesquisa, entre janeiro de 2006 e dezembro de 2007, não foram encontrados estudos científicos que contivessem pesquisa empírica nos periódicos disponíveis no ProQuest (banco de dados que contém artigos de cerca de mil publicações em inglês, entre revistas especializadas e acadêmicas). No Brasil, foi possível localizar dois estudos acadêmicos com pesquisa empírica, sendo eles Wood Jr. e Caldas (1999) e Bergamaschi (1999). Apenas mais recentemente (a partir do fim de 1999) o assunto recebeu a atenção de periódicos importantes da área de informática e administração de sistemas de informação como a Communications da ACM (edição de abril de 2000) e o JMIS.

A implementação de sistemas ERP é um fenômeno complexo, de amplitude distinta dos sistemas de informação clássicos implementados até agora nas empresas, uma vez que suas características de integração e abrangência funcional trazem impactos em diversas áreas da empresa simultaneamente.

Assim, é possível dizer que os estudos relacionados à implantação de ERPs, ainda se encontram em seus estágios iniciais, de construção de teoria, de modo que se justifica um estudo exploratório com objetivo de oferecer propostas para um modelo teórico. O objetivo pretendido foi a busca de uma visão geral do fenômeno e de suas principais características, oferecendo uma análise do contexto e obtendo assim indicações de questões ou hipóteses para futuras pesquisas mais aprofundadas.

## 3.3  O MÉTODO DE ESTUDOS DE CASO

De acordo com Yin (1989), o método de estudo de casos é uma pesquisa empírica que investiga um fenômeno contemporâneo dentro de um contexto real de vida, onde as fronteiras entre fenômeno e contexto não são claramente evidentes e no qual múltiplas fontes de evidência são usadas. Para o autor, a decisão por uma pesquisa qualitativa do tipo exploratório não define obrigatoriamente a preferência pelo método do estudo de casos, uma vez que esse método pode ser utilizado também com outros objetivos, tais como o descritivo e o explanatório, não havendo, segundo o autor, uma "hierarquia para os métodos de pesquisa". O autor diz ainda que essa escolha deve ser realizada com base em três fatores: o tipo de questão que a pesquisa pretende responder, a contemporaneidade do fenômeno que se pretende estudar e a possibilidade de controle sobre esse fenômeno. O método de estudos de caso parece ser o mais adequado quando se procura responder questões do tipo como? e por que?, quando o fenômeno estudado é contemporâneo (isto é, ainda está ocorrendo) e quando há pouca ou nenhuma possibilidade de controlar os fatores envolvidos na pesquisa. Quando o foco passa a ser em fenômenos ou eventos não contemporâneos (isto é, já aconteceram) a análise histórica é o método mais adequado. Quando se procura respostas para questões do tipo quem?, onde?, quantos?, o que?, os levantamentos (*surveys*) são mais adequados.  Quando o foco é em questões do tipo por que? e como ?, mas existe controle sobre os fatores relevantes envolvidos, o método experimental é o mais adequado. Questões do tipo o que? (ou quais?) também podem ser respondidas pelo método do estudo de caso quando a pesquisa é do tipo exploratório, isto é, há uma busca pela identificação de aspectos presentes, e não quantificá-los ou descrever sua incidência estatística.

Para o autor, as perguntas do tipo como? e por que? Podem levar ao uso de estudos de caso ou experimentos porque tais questões "lidam com ligações operacionais que precisam ser rastreadas ao longo do tempo, ao invés de mera quantificação de freqüência ou incidência". O método de estudo de casos é adequado neste trabalho porque em sua pesquisa empírica busca-se descrever e analisar os benefícios e problemas de ERPs, levando-se em consideração o contexto empresarial em que estes ocorrem. Estão inseridos neste contexto os motivos pelos quais se tomou a decisão de se adquirir e utilizar o sistema ERP, o particular sistema ERP selecionado, as características da empresa (tipo de indústria, porte, número de divisões), as características do sistema anterior que foi substituído, as características dos sistemas ERP, como foi realizado o processo de implementação, entre outros. Além disso, esta pesquisa procura esclarecer o funcionamento dos processos relacionados aos ERPs (processo de implementação) e a resistência à mudança que ocorre durante o processo de introdução de um ERP em uma organização, procurando responder a perguntas do tipo como? e por que? (como os problemas ocorrem? por que ocorrem?). As perguntas do tipo quais? propostas (quais os benefícios? quais os problemas?) são de caráter exploratório e, portanto, também são adequadas a estudos de caso.

Com relação ao uso de estudos de caso em pesquisas relacionadas especificamente a ERPs, Benbasat, Goldstein e Mead (1987) afirmam que o uso de estudos de caso é adequado para capturar o conhecimento dos profissionais da área e construir teorias a partir deste. Para os autores, citando Christenson, o processo de tentativa e erro no qual os profissionais da área estão envolvidos é fundamental para que o conhecimento seja acumulado. É tarefa dos acadêmicos formalizar esse conhecimento antes de seguir para uma fase de testes da teoria. Para os autores, antes que ocorra tal formalização, os estudos de caso podem ser empregados para documentar as experiências da prática. No caso de ERPs, é notável a experiência obtida na prática dos processos de implementação pelos profissionais envolvidos. Através deste trabalho espera-se contribuir também com a sistematização de parte desses conhecimentos práticos obtidos nas empresas pesquisadas.

## 3.4 O DELINEAMENTO DA PESQUISA

De acordo com Yin (1989), qualquer tipo de pesquisa empírica deve ter um delineamento de pesquisa (*research design*), que é a seqüência lógica que conecta as questões propostas pela pesquisa aos dados coletados e, finalmente, às conclusões que serão fechadas. Trata-se de um "plano de ação", que indica qual o caminho que será seguido para se sair das questões propostas e chegar às repostas desejadas. O autor afirma que o delineamento de uma pesquisa baseada no método de estudos de caso deve apresentar 5 itens, considerados especialmente importantes:

a) Questões da pesquisa

b) Proposições

c) Definição da(s) unidade(s) de análise

d) Descrição da lógica ligando os dados obtidos às proposições

e) Definição de critérios para interpretar as descobertas da pesquisa

Esses itens são apresentados a seguir.

### 3.4.1 Questão de pesquisa

Buscando dirigir a realização do estudo, foi colocada a seguinte questão principal da pesquisa, elaborada com base no objetivo principal da pesquisa: QUAIS as principais dificuldades que ocorrem no processo de implementação de um ERP e COMO estas ocorrem?

### 3.4.2 Proposições e modelo de pesquisa

Para Yin (1989), a definição de proposições volta a atenção da pesquisa para determinados aspectos que devem ser examinados dentro do escopo do estudo. Proposições podem ser entendidas como afirmações que estabelecem, de certa maneira, relações teóricas entre os fatores que estão sendo estudados. Num exemplo citado pelo autor, ele apresenta a seguinte questão de pesquisa: "Como e por que as organizações colaboram entre si para prestar serviços em conjunto?".

Uma vez que a pergunta em si não indica o que deve ser estudado, uma proposição do tipo "as organizações colaboram para obter benefícios mútuos" pode indicar uma direção para que o estudo seja iniciado. Segundo o autor, mesmo no caso de pesquisas exploratórias, onde o objetivo principal é buscar novas idéias e hipóteses para explicação de fenômenos, é importante que estas sejam conduzidas a partir de algum referencial teórico para que possam chegar a algum objetivo determinado , iniciando a exploração com alguma lógica e direção, mesmo que mais tarde as propostas iniciais sejam comprovadas erradas. Para o autor, as proposições não podem ser consideradas como hipóteses da pesquisa, pois não haverá comprovação estatística.

Porém, alguma flexibilidade deve ser preservada na construção das proposições do estudo. De acordo com Selltiz *et al.* (1965), em se tratando de pesquisas exploratórias o plano de pesquisa deve ser suficientemente flexível, para permitir a consideração de muitos outros aspectos de um fenômeno. Com a finalidade de estabelecer uma referência teórica para o estudo, ou, segundo a definição de Yin (1989), elaborar as proposições da pesquisa, buscou-se realizar um levantamento bibliográfico através do qual procurou-se identificar, na literatura e na imprensa especializada, as principais questões e aspectos referentes aos ERPs (problemas enfrentados durante o processo de implementação, benefícios obtidos, dúvidas, comentários, afirmações etc.).

No capítulo 5, tomando por base o estudo realizado na bibliografia pesquisada e a análise de campo, foi realizado o delineamento de um Modelo para Implementação de um ERP orientado à Gestão de Mudança, elaborado também a partir de revisão bibliográfica sobre o desenvolvimento de ERPs de pacotes em geral. Nesse modelo de Implantação, são representadas todas as etapas de um processo de implantação. No entanto, são enfatizados os aspectos relacionados à Gestão da Mudança, que consideram os processos de seleção dos Envolvidos, Elaboração do Plano de Comunicação e o Desenvolvimento e Aplicação de Técnicas para minimização da resistência e Gestão de Mudança. A metodologia foi proposta levando em consideração os problemas relacionados com a abordagem clássica para implementação dos sistemas de ERP, foco inicial e uma das partes principais do estudo.

A proposição do estudo, derivada da análise dos problemas relatados em função da abordagem clássica de implementação de ERPs, verificada no capítulo 2, é a seguinte: os benefícios e dificuldades de sistemas ERP estão associados à maneira como foram conduzidos os processos de decisão, seleção do fornecedor e principalmente, abordagem metodológica aplicada na implementação.

As proposições seguintes foram usadas como base para a seleção dos casos, na pesquisa empírica.

a) As dificuldades no processo de implementação de sistemas ERPs estão associadas a aspectos do contexto empresarial (organização e tecnologia) onde estão inseridos;

b) Os benefícios e dificuldades de sistemas ERP são percebidos de maneira diferente pelas diversas áreas, departamentos ou divisões envolvidas;

c) A Comunicação é fundamental para o processo de Gestão da Mudança e não pode ser omitida durante a implementação de um ERP.

Com base nessas proposições foi delineado o modelo de pesquisa, exibido na figura a seguir.

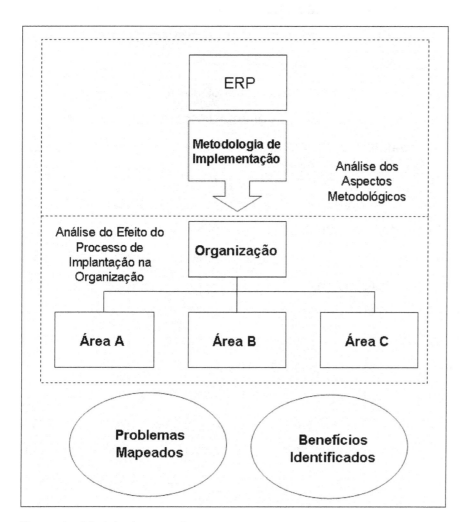

Figura 4 – Modelo de pesquisa
Fonte: elaborada por Paes (2007)

Nessa figura está representada a interação entre a metodologia de implementação de um sistema de ERP e seu contexto. Entre os dois, está a análise da abordagem metodológica aplicada e os efeitos identificados a partir da aplicação destas, nas organizações pesquisadas, com a identificação dos principais problemas identificados e benefícios obtidos. A maneira de representar a empresa indica que os benefícios e/ou problemas podem ser percebidos de maneira diferente pelos seus departamentos ou divisões.

3.4.3  Unidade de análise e tipos de estudo de caso: casos múltiplos

Segundo Yin (1989), em uma pesquisa conduzida através do método de estudos de casos, duas dimensões devem ser consideradas: o número de casos que compõe o estudo e o foco que será dado à unidade de análise. Quanto ao número de casos, os estudos de caso podem ser de caso único ou casos múltiplos.

O autor também apresenta três casos típicos para a realização de um estudo de caso único: quando o caso representa todos os aspectos de uma teoria bem formulada, quando representa um caso extremo ou único ou quando representa uma oportunidade única de estudo para um determinado pesquisador. Em outras situações, de acordo o autor, deve-se avaliar com cuidado se será utilizado apenas um caso ou múltiplos casos para a realização da pesquisa. A opção pela utilização de casos múltiplos deve ser tomada com base na estratégia da pesquisa e deve ter objetivos bem definidos. De acordo com o autor, uma vantagem do estudo de casos múltiplos é o fato das evidências obtidas por meio de casos múltiplos serem geralmente consideradas mais convincentes e os estudos resultantes mais robustos.

Para Godoy (1995), quando o estudo abrange dois ou mais sujeitos, duas ou mais instituições, podemos falar de casos múltiplos. Neste contexto, podem-se encontrar pesquisadores cujo único objetivo é descrever mais de um sujeito, organização ou evento, e aqueles que pretendem estabelecer comparações.

Neste trabalho de pesquisa será utilizado o estudo de casos múltiplos. Como um dos principais objetivos do uso de casos múltiplos, é possibilitada a comparação entre benefícios e problemas em diferentes empresas que utilizaram diferentes metodologias de implementação de ERPs, identificando as semelhanças e diferenças entre os casos e analisando-as a partir das diferenças entre as empresas, procurando relacionar os benefícios e dificuldades ao contexto de cada uma delas. Deve-se considerar também que as proposições da pesquisa e a natureza do fenômeno apontam para a realização de um estudo de casos múltiplos, uma vez que esta não preenche nenhum dos três requisitos para estudo de casos únicos apontados por Yin.

Com relação ao foco, os estudos de caso podem ser holísticos ou embutidos Estudos de caso holísticos levam em consideração a unidade de análise como um todo; Estudos de caso embutidos estudam as diferenças entre os diversos componentes de uma mesma unidade de análise, porém com o propósito de obter maiores informações a respeito do todo. De acordo com

Lazzarini (1995), citando McClintoc *et al.*, a unidade de análise é a entidade central do problema de pesquisa. Apesar de ser normalmente definida como sendo indivíduos, grupos ou organizações, ela pode também ser uma atividade, um processo, um aspecto ou uma dimensão do comportamento organizacional e social.

Neste trabalho, a unidade de análise considerada será o processo pelo qual o sistema ERP é implementado nas empresas estudadas. A partir dessa definição, pode-se perceber que este estudo tem natureza embutida, uma vez que é possível que os benefícios e problemas do processo de implementação de sistemas ERP não sejam avaliados apenas para a empresa como um todo, mas também relativamente a cada um dos departamentos envolvidos e sua utilização se apresente de maneira diferente em cada um destes departamentos.

Neste projeto, essa opção implicou na necessidade de realização de entrevistas com pessoas de mais de um departamento em cada um dos casos. Segundo Yin (1989), um dos possíveis riscos da análise embutida de casos é o fato de que o pesquisador pode falhar em expandir as conclusões obtidas nas subunidades de análise para a unidade de análise principal. Para evitar esse problema, no questionário utilizado foi incluída uma questão onde se solicitava que o entrevistado apresentasse os benefícios do sistema para a sua área e para a empresa como um todo.

### 3.4.3.1 Escolha dos casos

Para Yin (1989) a escolha dos casos em um estudo de casos múltiplos deve seguir uma lógica semelhante à escolha de diversos experimentos em uma pesquisa experimental, onde cada um deles procura validar ou negar determinado aspecto da teoria que está sendo testada. Tal lógica é diferente da empregada na definição de amostragens utilizadas em pesquisas quantitativas, pela qual se procura obter determinado grau de precisão para inferências estatísticas sobre a população. De acordo com o autor, em projetos de estudo de casos múltiplos cada caso deve servir a um propósito específico dentro do contexto da pesquisa, existindo duas possíveis lógicas para a escolha: a replicação literal e a replicação teórica. A replicação literal é realizada através da busca de casos onde se prevê que resultados já verificados em casos semelhantes ocorram novamente. É feita através do reforço de aspectos da teoria que está sendo construída. Já a replicação teórica, é feita buscando-se casos onde se prevê resultados contrários aos já obtidos, no entanto, por razões previsíveis. O objetivo da replicação teórica é de testar os limites da teoria que está sendo construída.

Para o autor, a habilidade em conduzir entre 3 a 5 estudos de caso adequadamente arranjados dentro de um estudo de casos múltiplos é análoga à habilidade de conduzir entre 3 e 5 experimentos a respeito de determinado tópico. Para o autor, alguns casos (2 ou 3) poderiam ser usados para replicações literais, enquanto que alguns outros poderiam ser desenvolvidos para diferentes padrões de replicação teórica. Segundo o autor, se tudo ocorrer como previsto, esses 3 a 5 casos, observados em conjunto, vão fornecer fortes subsídios em favor das proposições do estudo.

Neste trabalho, será discutido o processo de implantação clássico de um ERP, os principais problemas relacionados a este e será sugerida uma nova abordagem metodológica considerando a preparação da organização para receber este tipo de tecnologia. Serão apresentados os benefícios obtidos por esta metodologia através de 3 estudos de casos.

A escolha dos casos foi feita com base em dimensões que foram em primeira análise consideradas importantes para os resultados de cada um dos casos e da pesquisa como um todo, ao mesmo tempo em que são de verificação imediata nos casos a serem estudados. Essas dimensões são: o sistema ERP escolhido (Oracle, SAP, EMS, Logix etc.) e o fato de o fornecedor ser nacional ou estrangeiro . Essas duas dimensões são consideradas importantes uma vez que os diferentes pacotes possuem algumas diferenças em suas características, tanto de produto como de serviços e um dos fatos verificados no mercado nacional de sistemas ERP é a necessidade de localização dos pacotes estrangeiros e a argumentação dos fornecedores nacionais quanto aos possíveis problemas apresentados por aqueles.

Em um primeiro momento, considerou-se a realização da pesquisa em três empresas, que substituíram seus ERPs pelo Oracle e-Business Suite, no entanto com abordagens metodológicas diferentes, possibilitando a comparação entre os processos de implementação e a conseqüente análise dos resultados.

Esses ERPs foram escolhidos por disputarem o posto de número 1 do mundo com a SAP, tendo várias implantações no mundo e no Brasil, portanto, potenciais *cases* para análise. Outro fator foi o fato deste produto reconhecidamente pertencer à categoria dos ERPs que possuem uma grande abrangência funcional, mobilizando toda a organização.

Para o processo de escolha das empresas usuárias, definiu-se que as mesmas deveriam pertencer ao setor industrial e que já tivessem implementado dois ou mais módulos de pacotes integrados em uma ou mais áreas (manufatura, comercial, administração) há pelo menos seis meses e há menos de quatro anos. A restrição para as empresas industriais é relevante e adequada, pois os ERPs foram originalmente concebidos para este tipo de organização, tendo, portanto, maior maturidade neste segmento. A limitação do espaço de tempo decorrido desde a implantação (entre seis meses e quatro anos) teve o propósito de conciliar a necessidade de se levantar como ocorreram os processos de seleção e implantação com a necessidade de se verificar o uso do ERP, o que só é possível após o mesmo ter se estabilizado na empresa. O objetivo da limitação de pelo menos dois módulos terem sido implantados é garantir que o fator integração entre áreas funcionais da empresa esteja presente e permitir observar diferenças entre a avaliação de benefícios e problemas em diferentes departamentos da organização.

O contato realizado com as empresas usuárias foi feito através do fornecedor do ERP e das Consultorias de implantação, que cederam os telefones de contato de algumas empresas que preenchessem as condições iniciais. A partir deste ponto, foram realizados os contatos com as empresas, tendo sido escolhidas aquelas que ofereceram plenas condições para a realização de um estudo do tipo estudo de caso, ou seja, disponibilidade de tempo do responsável pela informática e gerentes usuários para entrevistas não-estruturadas e abertura de documentação relativa ao assunto analisado. Pela facilidade de execução da pesquisa foram escolhidas empresas usuárias cujas bases estivessem nas Regiões Sul e Sudeste. Foi enviada uma carta especificando os objetivos da pesquisa, os resultados esperados e o comprometimento necessário da empresa pesquisada.

Conseguiu-se realizar os casos em três empresas usuárias do Oracle e-Business Suite. Como esse é um dos dois pacotes mais utilizados nas grandes empresas, e como havia considerações interessantes para os resultados da pesquisa nos três casos, resolveu-se incluir as três empresas na pesquisa. A figura a seguir apresenta os casos selecionados.

---

- CASO A – Empresa A
- CASO B – Empresa B
- CASO C – Empresa C

---

Figura 5 – Casos selecionados para a pesquisa
Fonte: elaborada por Paes (2007)

### 3.4.3.2 Coleta dos dados

Segundo Yin (1989), seis fontes de evidência podem ser utilizadas para a coleta de dados em um estudo de casos: documentação, registros de arquivos, entrevistas (abertas, fechadas e levantamentos), observação direta, observação participante e artefatos físicos. Neste trabalho, foram utilizadas entrevistas não-estruturadas, realizadas com os principais participantes dos processos de seleção , implantação e utilização dos ERPs, a análise de documentos e registros e a observação direta. Nas empresas escolhidas, foi entrevistado o diretor de TI (ou Gerente, ou responsável pela área) que tivesse participado do processo de implementação e gerentes de pelo menos duas áreas de negócio (manufatura, comercial, financeiro, administrativo) em que havia módulos do sistema já implantados dentro das especificações já citadas. Foi envolvida também a área de Recursos Humanos dos casos em questão.

Quando necessário, foram entrevistadas outras pessoas (usuários, analistas de sistemas, consultores) para a complementação ou esclarecimento de informações. Para a escolha dos gerentes das áreas funcionais envolvidas, quando possível, a opção foi pela escolha de um gerente da área administrativa (Finanças, Controladoria) e um de áreas operacionais (Fábrica, Suprimentos ou Vendas).

Para a realização das entrevistas foi utilizado um questionário com perguntas abertas. As entrevistas foram gravadas e em seu término foi solicitada ao entrevistado a possibilidade de um novo contato para esclarecimentos ou questões adicionais que se fizeram necessárias. A idéia do questionário aberto foi permitir a flexibilidade necessária à natureza exploratória da pesquisa, ou seja, possibilitar a geração de novas idéias, o que não é possível com um questionário fechado. Devido à natureza da pesquisa e do questionário (questões abertas), as entrevistas foram conduzidas pelo próprio pesquisador envolvido no estudo.

### 3.4.3.3 Roteiro para a entrevista

Os roteiros para as entrevistas foram elaborados a partir das proposições iniciais, do modelo de pesquisa e das informações coletadas no levantamento bibliográfico. O roteiro foi dividido de acordo com as etapas mais relevantes do processo de Implementação de ERPs. As perguntas do roteiro foram baseadas nas seguintes questões:

- Como ocorreu o processo de implementação?
- Quais as principais etapas da implementação previstas na metodologia aplicada?
- Como foi planejado o processo?
- Quais problemas ocorreram durante a implementação?
- Foram encontradas resistências por parte das áreas? Por que ocorreram e qual o prejuízo para o projeto?
- Foram desenvolvidas iniciativas para trabalhar o processo de Gestão da Mudança? Quais?
- A Empresa já tinha participado de outra implantação? Na ocasião, havia sido aplicada alguma metodologia? Caso afirmativo, quais as principais diferenças percebidas entre as metodologias?
- É possível relacionar uma redução nos problemas com uma abordagem orientada a gestão de mudanças?

No Apêndice 1 encontra-se o questionário que foi utilizado nas entrevistas dos responsáveis pelo departamento de TI e gerentes usuários respectivamente. Foram realizadas 18 entrevistas, que geraram 5 horas de gravação. Essas entrevistas foram transcritas e serviram como base para a elaboração dos relatórios individuais dos casos.

### 3.4.4 Ligação entre os dados e as proposições: análise dos resultados

A análise dos resultados será realizada por meio de relatos mesclando os três estudos de casos, avaliando para cada etapa da metodologia proposta, as questões e os resultados obtidos nas empresas pesquisadas, que serão discutidas no capítulo 5 deste trabalho.

Durante a tabulação dos resultados, as dúvidas do pesquisador foram anotadas e foi feito um novo contato com os informantes principais (os entrevistados da área de TI) a fim de esclarecê-las. Os resultados inicialmente obtidos foram então revistos pelo principal informante em todas as empresas pesquisadas, sendo feitas modificações com base nos comentários feitos por esses entrevistados. Após a revisão final e aprovação por parte dos informantes, foi solicitado a cada empresa uma autorização formal para a publicação do estudo, com as conseqüentes observações a respeito de cada projeto nas empresas em questão. As empresas não autorizaram a publicação do caso com o seu nome real, tendo sido criado um nome fictício para as mesmas (Empresa A, Empresa B, Empresa C).

Os relatórios dos casos foram elaborados a partir dos seguintes pontos:

- Contexto do caso (tipo de empresa, porte, pacote utilizado e outros fatores que foram considerados relevantes)
- Descrição do processo de implementação e seus principais problemas
- Benefícios e problemas verificados no caso
- Análise dos resultados desse caso frente às proposições iniciais e ao referencial teórico elaborado no levantamento bibliográfico, mostrando os resultados previamente esperados e surpresas

observadas no caso e novas idéias geradas durante o estudo desse caso.

De acordo com Yin (1989), "cada caso individual é considerado como um estudo completo, onde é buscada evidência convergente para os fatos e a conclusão desse caso; as conclusões de cada caso são então consideradas como informação necessitando de replicação (confirmação empírica) pelos outros casos individuais".

### 3.4.4.1 Análise entre os casos

Neste trabalho, para o desenvolvimento de um sistema de classificação que permitisse a comparação dos casos, a verificação de aspectos do modelo teórico proposto bem como a geração de novos discernimentos a partir dos dados coletados, combinou-se a utilização das classes pré-determinadas no levantamento teórico com classes que foram originadas a partir da análise dos casos.

A análise entre os casos foi realizada considerando os seguintes pontos:

- Diferenças entre os contextos das diferentes empresas
- Semelhanças entre os resultados obtidos nas diferentes empresas
- Diferenças entre os resultados obtidos nas diferentes empresas
- Análise dos resultados frente às proposições iniciais e ao referencial teórico elaborado no levantamento bibliográfico

Para a elaboração das conclusões, principalmente na modificação e aperfeiçoamento do referencial teórico inicial, foram aplicadas teorias e referências bibliográficas que não haviam sido inicialmente incluídas no levantamento, entre estas a teoria de Lewin (1952) para as mudanças na organização. Como parte dos propósitos da pesquisa eram exploratórios e, além de se comprovar alguns aspectos do modelo inicial buscava-se ampliá-lo com base nos achados da pesquisa empírica, entendeu-se que esse recurso seria aplicável. Para Eisenhardt (1989), autora que defende a aplicação de estudos de caso para a construção de teoria, "uma característica essencial da construção de teoria é a comparação dos conceitos, teorias ou hipóteses que emergem do estudo com a literatura existente. Isso envolve o questionamento a respeito do que é similar, do que é contraditório e por que é contraditório?"

Segundo Selltiz *et al.* (1965) , um estudo não está totalmente cristalizado quando se formula o problema de pesquisa. Durante a pesquisa, pode ser desenvolvida uma apresentação mais adequada do próprio problema, podem surgir novas hipóteses e aparecer relações antes não previstas. Por esta razão, enquanto a formulação original apresentar o aspecto básico de referência para o relatório, ainda pode haver espaço para a inclusão de novos ajustes ou aperfeiçoamentos.

## 3.4.5 Critérios para interpretar os resultados e limitações da pesquisa

Para Yin (1989), em muitas situações o método de estudos de caso tem sido considerado como "fraco" pelos pesquisadores sociais, que afirmam que os resultados obtidos por esse método não podem ser generalizados. O autor comenta que o mesmo problema também existe nos métodos experimentais, posto que também não é possível generalizar a partir de um único experimento. Para o autor, os fatos científicos são normalmente baseados em vários experimentos, que replicam o mesmo fenômeno sob diferentes condições. Esta mesma lógica pode ser aplicada aos estudos de caso (a replicação analítica e a replicação teórica), e os estudos de caso, como os experimentos, são generalizáveis para proposições teóricas e não para populações ou universos. Para Yin, "nesse aspecto, um caso não representa uma amostra, e o objetivo do pesquisador é o de expandir e generalizar teorias (generalização analítica) e não enumerar freqüências (generalização estatística)".

Posto isso, os resultados do presente estudo não podem ser generalizados de maneira estatística, no entanto, por aspectos inerentes à forma como foi construído, podem ser generalizados de maneira analítica, ou seja, o usuário dessa pesquisa é a pessoa mais indicada para avaliar a validade externa, isto é, se os casos apresentados, limitações, tipos de empresas e sistemas se aplicam ao seu caso.

Um outro problema apontado quanto ao uso de estudos de caso é o caráter do rigor empregado na pesquisa, e da influência do pesquisador nos resultados (validade interna). As precauções tomadas já foram anteriormente explicadas, porém podem ser sintetizadas em:

- Uso de questionário para orientar as entrevistas;
- O próprio pesquisador realizou as entrevistas, as transcrições e a redação dos casos;
- O uso de múltiplas fontes de evidência (triangulação), para confirmar ou complementar as informações obtidas nas entrevistas;
- Confirmação das descrições dos casos pelos entrevistados;
- A respeito das limitações desta pesquisa, relativas ao método empregado, pode-se citar as seguintes, elaboradas com base nas considerações de Bido (1999): Apesar do cuidado do pesquisador em entrevistar pessoas de pelo menos duas áreas diferentes, é necessário que se considere que os resultados são parciais e não representam toda a complexidade envolvida no fenômeno estudado.

Os casos descritos têm forte influência do ponto de vista das pessoas entrevistadas nas empresas (fonte principal de informação), de modo que não houve contato com os terceiros envolvidos no processo, como por exemplo, as consultorias e os fornecedores dos pacotes.

A pesquisa realizada é de natureza indutiva, sendo que a análise depende muito do pesquisador, sendo impossível identificar todas as variáveis relevantes.

Uma outra limitação de caráter prático decorre do fato de que muitos dados e fatos relevantes para a pesquisa não estavam disponíveis através de documentos ou registrados de alguma forma, por isso o levantamento de dados dependeu muito da memória dos entrevistados fazendo com que em alguns casos as informações estejam incompletas ou imprecisas.

Assim, o trabalho de pesquisa realizado foi feito a partir de m
técnicas já validadas, portanto, e foi conduzido dentro de ur
considerada adequada para este tipo de pesquisa.

## 4   A IMPLANTAÇÃO DE ERPS E O PROCESSO DE MUDANÇA

Este capítulo destina-se a analisar a implantação de ERPs e o processo
de Mudança Organizacional que é disparado juntamente com o projeto.
Primeiramente será realizada uma análise do efeito do ERP nos indivíduos das
organizações. Em seguida, será discutida a relação entre o processo de
resistência à mudança e a abordagem clássica das implantações. Por fim, será
verificada a existência de uma relação entre a ausência de informação e o
processo de resistência à mudança.

### 4.1   ANÁLISE DO EFEITO DO ERP NOS INDIVÍDUOS DAS
ORGANIZAÇÕES NO PROCESSO DE IMPLANTAÇÃO

Analisando os processos de Implantações de ERPs, pode-se verificar
que os principais problemas encontrados foram:

- Isolamento da equipe do projeto, que optaram por ficarem
  confinados em um ambiente distante da Administração do
  Projeto;
- Falta de envolvimento das Áreas de Negócio;
- Ausência de comunicação entre a equipe do projeto e as Áreas
  Envolvidas;
- Falta de visibilidade sobre as etapas do projeto;
- Insegurança quanto à continuidade na empresa após a
  implantação do ERP;
- As pessoas não se sentiam responsáveis pelos problemas, haja
  vista o não envolvimento delas no processo de Implantação nos
  momentos determinantes.

A origem destes pontos bem como a forma como estes foram tratados será discutida a seguir.

Conforme verificado no Capítulo 2, quando estes problemas ocorrem, há um reflexo na Organização, uma vez que todos eles estão diretamente associados ao fator humano, ou seja, as pessoas envolvidas no processo. Mas afinal, por que estes problemas ocorrem?

Na grande maioria dos casos pesquisados, pôde-se verificar que os projetos de implantação de ERP não consideram o envolvimento do fator humano ou, pelo menos, não da forma como seria necessário, à luz das teorias estudadas no Capítulo 2 deste trabalho.

Isso em parte explica-se pelo fato destes projetos serem "vendidos" internamente como projetos de Informática ou Projetos da Área de TI (Tecnologia da Informação). A partir do momento em que isto ocorre, percebe-se que o projeto tende a perder prioridade na organização, uma vez que nem todas as organizações encaram a Tecnologia da Informação como algo estratégico.

Vale enfatizar também a imagem deixada pela Área de Informática, cujos profissionais no passado eram bastante arrogantes e tentavam a todo custo fazer com que as pessoas das outras áreas dentro da mesma empresa, se sentissem ignorantes. Esta situação acabou por criar uma barreira histórica entre as áreas que, como mecanismo natural de defesa, tendem a ficar com os "pés atrás" no que diz respeito à forma como se relacionam.

Para ilustrar este processo, será relatado o que se passou no projeto de implantação da Empresa A.

O Grupo Empresa A, empresa do segmento industrial, bastante reconhecida na região sul por ser líder em seu mercado e pela sua alta capacidade de inovação, estava passando por um momento diferente em sua história: em função da recessão no mercado nacional, a empresa buscava o mercado externo como opção para aumentar suas vendas e alavancar crescimento.

Para tanto, precisava ter mais competitividade, o que buscou através de uma reestruturação no seu modelo de gestão apoiada por um grandioso investimento que se fazia necessário em infra-estrutura e ferramentas de tecnologia.

A revolução começou quando a alta direção da empresa, após reunião do conselho, definiu como uma das metas para o grupo, a otimização dos sistemas de informação.

A missão foi delegada à Área de TI, que começou a montar um plano de ação e definir alternativas para apresentar à Diretoria. Passado um mês, o Gerente de TI apresentou ao CIO (Chief Executive Officer), o plano que se baseava no seguinte contexto: a empresa teria como alternativas para otimização de seus sistemas:

- Fazer um *upgrade* em seu ERP, da versão defasada de um ERP fornecido por uma empresa Catarinense, que possui a maior base instalada de ERPs no Brasil, para uma versão mais recente do ERP fornecido pela mesma empresa;

- Implantar um ERP adequado ao porte da organização, nesse caso, como opções foram sugeridas as multinacionais SAP, ORACLE e JDEdwards;

- Partir para o desenvolvimento interno.

Quanto à primeira opção, a empresa já utilizava o Magnus há cerca de 7 anos, tempo que permitiu a equipe interna ter grande domínio da ferramenta, a ponto de formar – praticamente – uma pequena fábrica de softwares interna, para atender as necessidades de constantes desenvolvimentos específicos das áreas.

Ocorreu que justamente em função do grande volume de customizações, o produto original ficou praticamente descaracterizado, de modo que ao ser contratada a equipe de consultoria da empresa fornecedora, que apenas era chamada para resolver problemas que a área de TI não conseguia fornecer suporte, emitiu um parecer dizendo que seria inviável fazer upgrade, e que a única saída seria fazer uma nova implantação.

Esse parecer, saiu pouco tempo após a empresa fornecedora comunicar que não mais estaria fornecendo suporte a clientes que estavam defasados a mais de X versões do seu aplicativo, o que era o caso do grupo Empresa A.

A partir dessa situação, o fato de ter uma equipe interna capaz de atender as necessidades atuais do grupo, era vista com contentamento por alguns, que confiavam bastante na equipe de TI e já estavam adaptados ao sistema corporativo em questão.

Foi feito um processo seletivo, onde participaram todas as empresas em questão, que iam sendo desqualificadas de acordo com o desempenho de seus produtos, em termos de atendimento as necessidades das áreas de negócio e outros fatores relevantes ao processo, como a capacitação da consultoria de implantação, a proximidade do fornecedor do produto e consultoria, o suporte local e o número de cases de sucesso.

Após o processo seletivo, com intensa participação da Área de TI, cujo gerente alocou seus melhores analistas de negócio para avaliar os produtos, foi escolhido o Oracle E-Business Suite, e uma empresa parceira para conduzir o processo de implementação, por aparentar ser o mais adequado na relação custo benefício, pela tecnologia e empenho do fornecedor que se mostrou bastante interessado em ter o grupo como não apenas um cliente, mas um parceiro que se tornaria case de referência para o mercado.

A equipe foi formada e a implantação iniciada dias após o fechamento do negócio. O projeto, que teve todas as etapas de uma implantação convencional. Contava com o que a empresa tinha de melhor em termos de recursos da equipe de TI, que conduziram em conjunto com a empresa de consultoria, todo o processo de levantamentos, definição das soluções, envolvendo os usuários chaves, que foram mapeados e escolhidos "a dedo", pelos analistas de negócio, que conheciam bem as pessoas da organização por prestarem suporte constante.

Após 5 meses fechados na sala do Projeto ERP, que sem dúvida era "encarado pela empresa como um belo projeto de Informática", chegou a hora de apresentar o aplicativo aos usuários, já bastante avançado em termos de parametrizações.

Nos primeiros treinamentos, os usuários olharam o aplicativo com bastante desconfiança e insegurança, pois as funcionalidades e a forma de operação do aplicativo, era bastante diferente da forma como os usuários estavam acostumados a trabalhar. A partir daí, o que se viu ao longo dos treinamentos foi o crescente processo de expansão das queixas dos usuários, que estavam em grande parte insatisfeitos com as operações que antes eram executadas a partir de uma tecla de função, e que agora precisavam ser feitas em duas ou três telas diferentes, o que tornava o processo mais lento.

Como se já não bastassem os problemas internos, havia uma restrição importante para o projeto, que era o deadline da implantação da primeira fase (o projeto foi dividido em duas...): os módulos de Finanças, Controladoria, Fiscal, Compras, Estoques e Recebimento Integrado, precisavam entrar em produção até dezembro de 2002, pois mudanças no processo fiscal feitas pelo governo, previam esta data para que as empresas se adequassem à legislação, sob pena de pesadas multas após o referido prazo.

Com a proximidade desta data, mais precisamente cerca de 2 meses antes do "go live", a empresa ainda precisava concluir o processo de treinamento de seus usuários, e de executar todos os testes e simulações necessárias à liberação do aplicativo em produção. O Gerente do Projeto, que também era o gerente da área de TI, solicitou que a equipe de consultoria e implementação acelerasse os treinamentos e executasse os testes em cada módulo do aplicativo que estava sendo implantado.

Com o término dos treinamentos (70% do público mapeado foi treinado), dos testes que duraram exatamente 1 mês, e da liberação das customizações que foram autorizadas (outra premissa importante era "customização zero"), chegou o grande dia da virada.

O sistema entrou em produção na data prevista, ocasião festejada pela equipe do projeto. No dia seguinte...

- Os usuários não sabiam o que fazer na frente do novo sistema;
- Diversas inconsistências foram identificadas nos processos parametrizados;
- Muitas customizações que aparentemente haviam sido testadas e estavam funcionando, impactaram em processos de outras áreas;
- A equipe de TI e a consultoria não conseguiam atender toda a demanda gerada pelas áreas;
- Os fechamentos contábeis não estavam coerentes;
- Os servidores estavam sobrecarregados, deixando o aplicativo com baixa performance;

- Muitas pessoas estavam com alto nível de stress, e algumas delas (inclusive usuários chaves) pediram as contas e foram tentar melhor sorte em outras empresas, tirando proveito do conhecimento adquirido;
- O projeto estava praticamente fora de controle, com reclamações de todos os lados.

Neste contexto, iniciou-se a segunda fase do projeto. Esta fase previa a implantação de mais alguns módulos. No entanto, o andamento das atividades desta segunda fase foi bastante prejudicado e a equipe do projeto não conseguia executar o cronograma conforme o planejado. A equipe relatava como um dos principais fatores, a resistência das pessoas quanto ao envolvimento do projeto.

O grupo do projeto reuniu-se para tentar entender o por quê desta situação, haja vista que as áreas em questão não haviam sido envolvidas na primeira etapa do projeto, não fazendo sentido toda a desconfiança que se instaurou no ambiente do projeto. Em algum momento, alguém do grupo levantou a seguinte questão: "...será que nós não poderíamos envolver a Área de Recursos Humanos?..."

O grupo de coordenação do projeto achou que a questão levantada pelo integrante fazia sentido e resolveu chamar o Gerente de Recursos Humanos da empresa para conversar. Em conversa com o Gerente de Recursos Humanos, o grupo procurou explicar o que estava acontecendo. Entretanto, o gerente de Recursos Humanos também não conseguia concluir algo diferente do que a própria equipe do projeto já havia concluído. O Gerente de Recursos Humanos pediu então que a equipe desse a ele mais informações não sobre o que estava acontecendo, mas a respeito do que ainda iria ocorrer e principalmente sobre o que já havia passado, posto que - na condição de Gerente de Recursos Humanos – em várias ocasiões ele havia sido abordado por pessoas que estavam participando do projeto para conversas informais de corredor a respeito do que se passava no projeto. Porém, como já era habitual, o Gerente aplicava os seus filtros por conhecer bem os funcionários e procurava fazer as pessoas refletirem um pouco a respeito do que estava acontecendo.

A partir da solicitação, o grupo de coordenação achou por bem apresentar todo o Plano do Projeto, fornecendo detalhes sobre o que aconteceu na primeira etapa. Ao término da apresentação, o gerente percebeu o que havia ocorrido: as pessoas não haviam sido envolvidas no projeto e que, em função disso, havia uma séria deficiência no processo de comunicação fazendo com que as pessoas tivessem uma percepção equivocada a respeito do projeto. Este fato acabava por culminar nos ruídos, boatos e notícias negativas que se disseminavam pelos corredores chegando rapidamente a todas as áreas das empresas.

O Gerente de Recursos Humanos sugeriu então, que fossem feitas algumas ações para primeiramente resgatar o sentimento das pessoas quanto ao projeto e, a partir daí, procurar promover o envolvimento e comprometimento das pessoas com o projeto. Dentre as ações planejadas, a primeira foi uma reunião com todas as pessoas das áreas que estavam envolvidas com os módulos que foram implementados na primeira etapa do projeto, a fim de ouvir o que estas tinham a dizer a respeito do que havia se passado. Uma espécie de "... sessão de descarrego..." segundo o próprio Gerente de RH da Empresa A.

A reunião foi mediada por ele e mais uma pessoa do RH, que conduziram e tomaram nota de tudo o que foi dito a respeito do projeto pelas pessoas. Dentre os pontos abordados na conversa, os principais foram:

- Isolamento da equipe do projeto, que optaram por ficarem confinados em um ambiente distante da Administração do Projeto;
- Falta de envolvimento das Áreas de Negócio;
- Ausência de comunicação entre a equipe do projeto e as Áreas Envolvidas;
- Falta de visibilidade sobre as etapas do projeto;
- Insegurança quanto à continuidade na empresa após a implantação do ERP;
- As pessoas não se sentiam responsáveis pelos problemas, haja vista o não envolvimento delas no processo de Implantação nos momentos determinantes.

Além destes pontos, também foram relatados fatores de ordem técnica e funcional, dos quais se destacam:

- Especificação Inadequada dos Requisitos;
- Falta de Validação dos Requisitos de Negócio, bem como das soluções junto às áreas usuárias, tendo as definições ficado a cargo da equipe de Informática e da Consultoria.

A partir da reunião, foi realizada uma outra reunião apenas com a equipe do projeto para levar a eles a percepção da empresa quanto à forma como o projeto vinha sendo conduzido, para que fosse tentado encontrar uma melhor forma de conduzir o projeto dali em diante. Uma ação chave resultante desta segunda reunião foi o envolvimento da área de Marketing da Empresa A para apoiar na condução do planejamento e condução do processo de comunicação, de modo a minimizar ou eliminar os ruídos encontrados no projeto.

O caso acima apresentado ilustra e valida o que foi exposto no capítulo 2 do trabalho: pela dimensão e abrangência de um projeto de ERP a forma como o processo é conduzido é determinante para potencializar ou minimizar os efeitos que estes causam na organização e em seus indivíduos, o que poderá contribuir para o sucesso ou o fracasso do projeto, posto que estes problemas refletem diretamente na produtividade da equipe, uma vez que existe uma forte relação de dependência entre as partes envolvidas: por menor que seja o envolvimento, a equipe técnica precisa das pessoas presentes nas áreas de negócio para que a implantação ocorra, seja para definir, validar e testar uma solução, seja para receber treinamentos para o processo de parametrização da ferramenta ou para a execução da operação no novo Sistema.

## 4.2  A RELAÇÃO ENTRE O PROCESSO DE RESISTÊNCIA À MUDANÇA E A ABORDAGEM CLÁSSICA DAS IMPLANTAÇÕES

No capítulo 2 deste trabalho, pode-se verificar o processo de implantação de um ERP. Resgatam-se assim as principais etapas deste processo a fim de permitir a discussão de como a abordagem realizada potencializa os problemas de Resistência a Mudança por parte da organização e de seus indivíduos.

Resumindo o que foi apresentado no capítulo 2, classicamente um ERP possui as seguintes etapas, podendo sofrer algumas variações:

### Fase 1 – Levantamento da Situação Atual (As-Is Picture)

e) Análise dos processos de negócio atuais

f) Treinamento das equipes do projeto no pacote

g) Levantamentos de aspectos específicos do negócio da empresa

h) Planejamento da conversão de dados

### Fase 2 – Definição da Situação Desejada (To-Be Picture)

f) Preparação do ambiente para prototipação

g) Prototipação

h) Levantamento das discrepâncias e decisões a respeito de como serão eliminadas (através de mudanças no pacote por parametrização ou customização ou mudanças em procedimentos e controles da organização); Identificação das interfaces, com outros sistemas ou com os sistemas atuais, caso sejam necessárias

i) Definição de níveis de acesso, segurança e controle

### Fase 3 – Configuração, Customização, Testes

f) Programação das customizações planejadas

g) Programação das interfaces e programas de conversão

h) Desenvolvimento dos novos procedimentos e controles

i) Testes por módulo e testes integrados

j) Treinamento dos usuários finais

### Fase 4 – Início da Operação (*Going-Live/Go Live*)

e) Preparação do ambiente de processamento final

f) Definição do plano para início da operação

g) Migração dos dados

h) Início da operação (conversão, "virada", ou "*go-live*")

Uma análise das etapas acima permite concluir rapidamente que em nenhum momento existe uma preocupação com a forma como o projeto de ERP será internalizado na organização.

Vários relatos foram feitos a respeito da forma como o projeto ocorre. Muitas vezes, os relatos apontam para a falta de respeito e consideração às pessoas que deveriam ser envolvidas por parte da empresa e que não são, sendo por vezes apenas comunicadas a respeito de como o processo passará a funcionar a partir da entrada do ERP.

Nos casos estudados e pesquisados, a maior parte das implantações foi conduzida por profissionais técnicos. Nestes casos, observou-se que quase sempre o projeto teve uma abordagem eminentemente técnica, onde a principal preocupação foi com a instalação da ferramenta e em fazer com que as entradas necessárias ao funcionamento dos módulos do ERP, fossem processadas por estes e gerassem saídas.

No entanto, um projeto de implantação de ERP é muito mais abrangente e complexo, não podendo ficar simplesmente limitado a captar, processar e gerar informações de saída. É, sobretudo um processo de mudança organizacional, posto que mobiliza, dependendo de seu escopo, praticamente todas as áreas da organização. Mesmo quando não as mobiliza, estas são impactadas pelo ERP, haja vista que os fluxos dos processos de negócio que atravessam toda a organização são modificados, eliminados ou substituídos por novos processos.

A forma de execução destes processos também passa a ser diferente, refletindo diretamente no trabalho das pessoas responsáveis pela execução destes processos.

Mesmo assim, ainda que estas colocações pareçam meio óbvias, parecem não estar ao alcance dos técnicos que conduzem o projeto, quando estes são conduzidos por técnicos. Talvez em função da falta de habilidades e competências necessárias ao processo de envolvimento das pessoas, o que pode resultar em insegurança para lidar com situações para que eles não estejam preparados.

No entanto, o gestor de projetos não necessariamente precisa saber lidar com processos como Gestão de Mudança. O gestor, precisa entender o contexto, perceber as necessidades, reconhecer a importância e o efeito que a omissão do fator humano e questões relacionadas a estes podem trazer para o projeto e procurar buscar o apoio de profissionais que possam auxiliá-lo nestes processos.

Tomando por base as pesquisas realizadas, fica o alerta: a abordagem clássica, convencional do processo de implantação de ERPs é eminentemente tecnicista e não considera o fator humano, sendo uma das principais causas que levam aos problemas de resistências das pessoas ao processo de mudança que ocorre a partir da internalização destes aplicativos, aumentando o grau de dificuldade para que o projeto seja conduzido, bem como as chances de insucesso deste.

## 4.3 A AUSÊNCIA DE INFORMAÇÃO E O PROCESSO DE RESISTÊNCIA A MUDANÇA

Segundo Rezende e Abreu (2000), a cultura, a filosofia e as políticas empresariais "influenciam significativamente no planejamento estratégico, nos sistemas de informação e no modelo de gestão da empresa".

Quando se desenvolve um sistema de informação, específico para uma determinada empresa, a cultura, a filosofia de gestão e as políticas empresariais devem ser levadas em conta. No caso de um ERP e dos demais pacotes de software, isto nem sempre é possível e, na prática, é a empresa que termina tendo que se adaptar ao sistema. Esta situação gera fortes reações que, se não forem previstas, compreendidas e bem gerenciadas, podem se constituir um forte motivo para o insucesso na implantação e futura utilização do sistema.

Para Welti (1999), "o primeiro desafio da empresa é a implementação do ERP e o segundo desafio é a obtenção dos resultados previstos com a sua implantação". Para tirar proveito das potencialidades do novo sistema a empresa tem que se adaptar a ele. Normalmente, é necessário que haja algumas mudanças nos processos, na estrutura organizacional e na filosofia de gestão, para que se tire proveito da integração dos dados, descentralização das decisões e acompanhamento do processo ao invés da função.

A questão da adaptação da empresa ao sistema ERP, a primeira vista, pode parecer um absurdo e é, muitas vezes, um forte argumento contrário à implantação do sistema. Se, no entanto, se considerar que os processos seguidos pelo sistema são baseados nas melhores práticas de gestão (*best practices*), esta adaptação nada mais é do que um processo de reengenharia. Portanto, sob este ponto de vista a adaptação da empresa ao sistema deveria ser encarada como um ponto favorável à implantação do sistema.

Segundo Colangelo (2001), "atualmente, a abordagem mais freqüente é utilizar o 'redesenho baseado no sistema' em lugar da reengenharia. [...] A idéia, então é usar no maior grau possível os processos de negócios suportados pelo sistema ERP".

No caso de processos críticos onde o ERP não atende, sempre que possível, deve-se dar preferência para aplicativos específicos que sejam parceiros do fornecedor do *software*. Neste caso, normalmente, já existem programas de interface desenvolvidos, o que facilita a integração e reduz o risco nas futuras atualizações de versões.

Embora a análise e as mudanças nos processos estejam previstas para acontecer durante as diversas fases de implementação, grande parte da reengenharia, na verdade, acaba acontecendo na fase de operação normal do sistema, uma vez que com a experiência adquirida com o uso do sistema e, conseqüentemente, com um conhecimento mais aprofundado do mesmo, estas mudanças e adaptações se tornam mais evidentes e necessárias.

Deixar algumas alterações/adaptações para depois da implantação do sistema pode ser, também, uma questão estratégica. Em primeiro lugar, porque as mudanças não estão tão sujeitas ao fator tempo e, portanto, existem melhores condições de análise e execução. Em segundo lugar, porque qualquer mudança gera uma reação e a somatização destas reações podem inviabilizar o próprio projeto de implementação do novo sistema.

Segundo Rezende e Abreu (2000), os diversos sistemas de informação, numa empresa, devem ser integrados e adaptados a ela, respeitando a sua cultura, filosofia e políticas internas e externas.

Os ERP são concebidos como pacotes flexíveis e adaptáveis para os mais diversos setores empresariais. A dificuldade para atingir este objetivo cresce à medida que cresce a abrangência destes pacotes, ou seja, segundo

Colangelo (2001), "algumas áreas como finanças e recursos humanos, admitem aplicações horizontais, assim chamadas, por satisfazerem empresas de diferentes ramos de atividades". Outras áreas são específicas de determinados ramos, exigindo diferentes níveis de necessidade.

A implantação de um ERP não implica, somente, na adaptação de processos técnicos e administrativos ao sistema, mas também, de uma mudança de postura dos analistas de sistemas, uma vez que eles deixarão de desenvolver sistemas e passarão a se preocupar mais com a análise e o suporte.

Segundo Colangelo (2001), "as áreas de TI deixam de atuar como 'magos' da tecnologia para transformar-se em viabilizadores de processos de negócios". Esta mudança exige do pessoal de TI uma mudança de postura, ao invés de dar importância somente ao processamento, é necessário dar importância ao processo e ao negócio e, conseqüentemente, ao invés de se preocupar somente com as habilidades técnicas, os analistas de sistemas necessitam desenvolver, também, os seus conhecimentos na área de negócios.

Segundo Welti (1999), quando da implementação de um ERP, a empresa deve seguir os procedimentos padrão, as *best practices*, estabelecidas pelo *software*. As decisões sobre alterações nos processos da empresa devem ser discutidas com os gerentes responsáveis por estes processos. Por isto, é importante que estes gerentes estejam diretamente envolvidos na equipe de implementação como coordenadores de módulos.

Um dos grandes motivos de atraso na implementação do sistema são as discussões sobre o ajuste e ou alterações nos processos. O ideal seria que, uma vez definido o *software* a ser adquirido, fossem contratados consultores com profundos conhecimentos dos módulos para que, junto com os especialistas da empresa, fizessem o novo desenho da empresa, ou seja, como devem ser os processos com o novo sistema.

Desta forma, uma vez definido "o que" será customizado no sistema e "em que" e "como" a empresa irá se adaptar ao novo sistema, a fase de implementação segue o seu curso sem maiores transtornos, diminuindo o risco de paradas do projeto e ociosidade de parte das equipes, no aguardo de definições.

Segundo Welti (1999), modificações no sistema original são desaconselhadas uma vez que elas representam custos significativos, principalmente, quando da instalação de *upgrades*.

As customizações custam caro para serem feitas e quando de um processo de *upgrade*, normalmente, necessitam ser refeitas. Além disto, as customizações colocam em risco a integridade do sistema e a integração entre os módulos.

# 5 APRESENTAÇÃO E VALIDAÇÃO DA METODOLOGIA ORIENTADA À GESTÃO DE MUDANÇA

Com o objetivo de otimizar os serviços de implantação de ERPs, foi desenvolvida uma metodologia orientada à Gestão de Mudanças. Através da metodologia espera-se garantir um nível de serviço adequado para os projetos de implantação destes aplicativos.

Ao ser desenvolvida, a metodologia tomou como base as premissas mostradas no quadro 3:

| Acionista | Cliente | Consultor | Fornecedor |
|---|---|---|---|
| • Lucro<br><br>• Fluxo financeiro regular<br><br>• Imagem no mercado<br><br>• Produtividade<br><br>• Continuidade no mercado e na conta<br><br>• Custo controlado<br><br>• Garantia serviço<br><br>• Retenção do conhecimento<br><br>• Satisfação cliente<br><br>• Gestão contrato<br><br>• Riscos identificados e controlados | • Qualidade (expectativas)<br><br>• Prazo<br><br>• Orçamento<br><br>• ROI<br><br>• Organização / Profissionalismo<br><br>• Visibilidade<br><br>• Respeito à cultura do cliente<br><br>• Transferência de tecnologia<br><br>• Segurança<br><br>• Expectativas atendidas (do projeto) | • Escopo definido<br><br>• Infra-estrutura disponível<br><br>• Posicionamento estratégico da conta<br><br>• Regras e procedimentos claros<br><br>• Visibilidade - Transparência<br><br>• Organização - profissionalismo | • Imagem<br><br>• Lucro<br><br>• Qualidade<br><br>• Transparência<br><br>• Continuidade - Evolução |

Quadro 3 - Premissas consideradas para a metodologia
Fonte: elaborada por Paes (2007)

A seguir serão discutidos os aspectos mais relevantes quanto à metodologia em questão.

A metodologia de implementação de projetos de ERP proposta tem como principal finalidade desenvolver um padrão de implementação para projetos de ERPs considerando o fator humano, fornecendo visibilidade aos gerentes de projetos e a todos os consultores que em algum momento estarão compondo a equipe do projeto.

A seguir, será apresentada a metodologia, juntamente com uma discussão a respeito de como deve ocorrer o processo de preparação da organização para receber o ERP. A validação da metodologia será apresentada a partir da explanação a respeito dos resultados obtidos durante cada etapa do processo de implantação para as empresas pesquisadas.

## 5.1  O PROCESSO DE PREPARAÇÃO DA ORGANIZAÇÃO

Segundo Colangelo (2001), é ideal que os integrantes das equipes sejam os melhores funcionários da empresa, que devem dedicar-se ao projeto em tempo integral. Envolvimentos parciais trazem o risco de desconcentração, ou seja, dedicação a outras tarefas do dia-a-dia que parecem ser mais importantes, o que acaba por prejudicar o projeto.

Os consultores e o fornecedor têm o conhecimento do *software*, os empregados da empresa têm o conhecimento dos processos. Cada equipe, representando um processo ou área de negócio, tem o seu interesse e, normalmente, a sua cultura própria.

Como atingir o sucesso na implantação do pacote, em meio a tanta diversidade de interesses, se ele depende, fundamentalmente, de um sincronismo entre todos, para uma melhor adaptação do sistema às necessidades da empresa e uma perfeita integração entre os diversos módulos? Como minimizar a reação à mudança por parte dos empregados e dos analistas de sistemas, em relação a um pacote que está vindo a ameaçar o seu "domínio", a sua autonomia e o seu poder?

Sem sombra de dúvida as respostas a todas estas perguntas passam pela seleção das pessoas envolvidas no processo, por um programa de esclarecimento e conscientização das pessoas envolvidas sobre o processo e objetivos a serem alcançados e por último, pelo comprometimento de todos, em torno de um objetivo único, o desenvolvimento da empresa como um todo.

Além de todas estas questões, dos conflitos internos a serem gerenciadas, existe, ainda, a presença dos consultores. Neste sentido, a postura dos consultores é fundamental, uma vez que eles são considerados "intrusos" e, portanto, além da competência técnica eles devem ter a habilidade para gerenciar conflitos, de preferência, pela experiência em projetos anteriores, antever e evitar que eles ocorram. Em alguns casos os consultores assumem uma postura de "donos da verdade" e em vez de contemporizar, atuam como uma fonte adicional de problema. Se a missão já é difícil por natureza, ela se torna uma missão quase impossível quando existe antagonismo e discórdia entre os membros da equipe de implementação.

Um fator de sucesso na implementação de um ERP é o envolvimento e o comprometimento dos usuários. Desta forma, é fundamental que seja divulgada para todos os empregados da empresa a metodologia a ser utilizada para a implementação do sistema, as equipes de trabalho e os principais marcos do cronograma de implementação.

Além disto, devem ser previstas formas de divulgação periódica do andamento do projeto, para que os futuros usuários do sistema se mantenham informados em relação ao projeto. Para tanto, é interessante um programa periódico de reuniões com diferentes níveis de abrangência e, na medida do possível, a publicação de um jornal vinculado ao projeto e com ampla circulação na empresa.

A implantação de um novo sistema na empresa deve ser tratada da mesma forma que o lançamento de um novo produto no mercado, ou seja, deve ser precedida por uma maciça campanha de *endomarketing*, criando uma expectativa positiva quanto ao novo sistema. O usuário deve ser estimulado para o uso do novo sistema, da mesma forma que o consumidor é estimulado para a compra de um novo produto.

Este trabalho de divulgação e sensibilização deve ser utilizado para mostrar ao usuário as vantagens que virão com o novo sistema e permitir que todos se sintam participantes do processo de implementação. Desta forma, o mais cedo possível, o novo sistema passa a fazer parte do dia a dia de todos os usuários.

Segundo Lozinsky (1996), "consultores têm a responsabilidade de gerir o projeto, ou seja, de administrar cada tarefa a ser realizada de modo que essa realização ocorra no tempo previsto, com a qualidade esperada e com a efetiva participação de quem deveria participar".

Essas considerações levaram aos seguintes pressupostos:

- O comportamento da organização e dos usuários influencia no resultado da implantação do ERP.

- Um eficiente sistema de comunicação entre a organização e os empregados favorece o envolvimento e o comprometimento dos usuários na implantação do ERP, reduzindo o comportamento reativo ao sistema.

- A participação dos usuários no processo de implantação gera comprometimento, reduz às reações negativas ao sistema e aumenta a possibilidade de sucesso.

- O medo de perder o emprego, em função de um comportamento contrário ao sistema, leva o usuário a simular um comportamento de aceitação.

- O comprometimento da alta administração é um fator de sucesso na implantação de um sistema integrado de gestão empresarial.

- A filosofia de gestão da organização deve ser coerente com a estrutura do ERP.

## 5.2 AS ETAPAS DA IMPLANTAÇÃO

A metodologia de implantação proposta neste trabalho, é fortemente orientada à gestão de mudanças. A seguir serão abertas as principais etapas da metodologia e explicada sua a finalidade e como ocorre cada uma das etapas necessárias ao processo. A figura seis demonstra as etapas da metodologia proposta.

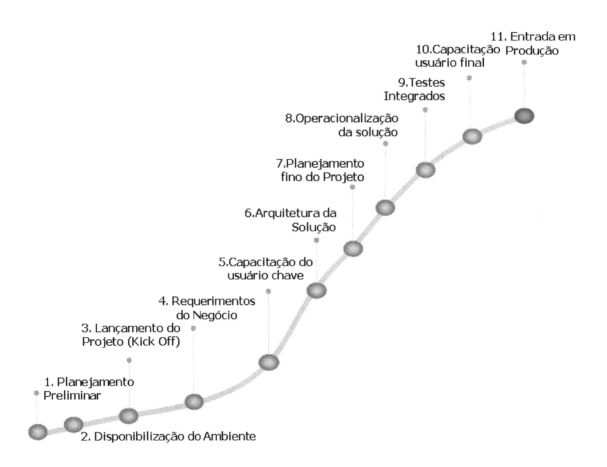

Figura 6 – Etapas da metodologia de implantação proposta
Fonte: elaborada por Paes (2007)

Para os projetos de implantação de ERPs, a metodologia compreende as seguintes etapas:

a) Planejamento Preliminar

b) Disponibilização do Ambiente

c) Lançamento do Projeto

d) Requerimentos de Negócio

e) Capacitação do Usuário Chave

f) Arquitetura da Solução

g) Planejamento Fino

h) Operacionalização

i) Execução de Cargas

j) Capacitação do Usuário Final

k) Piloto

l) Entrada em Produção

A seguir, será fornecida uma visão geral sobre o que é cada uma das etapas da metodologia e o que está contemplado nestas.

### a) Planejamento Preliminar

Etapa que tem por finalidade definir e organizar todos os recursos necessários e também estabelecer os planos operacionais e estratégicos que irão dar suporte e garantir o sucesso do projeto.

### b) Disponibilização do Ambiente

Etapa que tem por finalidade disponibilizar as instâncias do aplicativo de acordo com as etapas do projeto.

### c) Lançamento do Projeto

Etapa que tem por finalidade Institucionalizar o projeto na organização, autorizar o gerente e o time do projeto e mobilizar os recursos necessários a sua execução.

### d) Requerimentos de Negócio

Etapa que tem por finalidade levantar os requisitos de negócio necessários a cada um dos processos compreendidos no escopo do projeto dentro da organização.

### e) Capacitação do Usuário Chave

Etapa que tem por finalidade Habilitar o usuário chave para elaborar o desenho de cenário capacitando-o nos conceitos e funcionalidades do aplicativo.

### f) Arquitetura da Solução

Etapa que tem por finalidade definir como os processos de negócio mapeados na Etapa de Requerimentos de Negócio (o que) passarão a funcionar com o aplicativo (como), de forma a garantir o atendimento adequado das necessidades da organização, dentro do escopo definido; Identificar as não aderências do aplicativo aos processos mapeados, apresentando alternativas para o seu atendimento.

### g) Planejamento Fino

Etapa que tem por objetivo, revisar o macro cronograma para que este reflita a implantação dos processos desenhados, incluindo o desenvolvimento de rotinas para suprir as não aderências, bem como o plano de testes integrados, o plano de capacitação do usuário final e o plano para o Piloto;

### h) Operacionalização

Implementar os processos definidos na arquitetura da solução por meio de configuração e/ou customização e/ou mudança de procedimento e testá-los e ajustar possíveis não conformidades do projeto.

### i) Execução de Cargas

Garantir as cargas de dados necessárias para implementação do projeto, as manuais e as automáticas; Avaliar e ajustar possíveis não conformidades nas cargas de dados.

### j) Capacitação dos Usuários Finais

Capacitar os usuários para executar os processos operacionais através do aplicativo, dentro da nova realidade da organização.

### k) Piloto

Garantir que o ERP esteja operacional (estável) para a entrada em produção bem como os usuários finais se sintam seguros e aptos a utilizar o aplicativo.

### l) Entrada em Produção

Iniciar a utilização de fato do novo sistema com os novos procedimentos, customizações e dados carregados e efetuar o acompanhamento pós-implantação.

## 5.3 A ABORDAGEM PROPOSTA PARA O PROCESSO DE IMPLANTAÇÃO CONSIDERANDO O FATOR HUMANO

Cooper e Zmud (1990) propõem um resumo das pesquisas realizadas a respeito da implementação de TI em empresas. Segundo os autores, as pesquisas nesse campo se dividem em pesquisa sobre fatores, sobre processos e pesquisas sobre questões políticas. As pesquisas sobre fatores estudam toda a diversidade de forças individuais, organizacionais e tecnológicas que são relevantes para a efetividade da implementação de sistemas. Dentre os fatores que essas pesquisas afirmam possuir um grande impacto, surgem o apoio da alta direção e o relacionamento adequado entre os usuários e os responsáveis pela arquitetura da nova ferramenta. A pesquisa sobre processos encara a implantação de TI como um processo de mudança organizacional e estuda os aspectos envolvidos com base em teorias a respeito deste assunto. Pesquisas políticas reconhecem que os envolvidos em implantações possuem interesses próprios e encaram o resultado de uma implementação de TI como o resultado de um "jogo" entre as diversas "forças" ou facções políticas existentes dentro da organização. De acordo com essa linha de pesquisa, o sucesso de uma implementação depende do gerenciamento dessa diversidade de interesses.

Segundo os autores, pode-se utilizar um modelo de processo de implementação de TI construído a partir da literatura a respeito de mudança organizacional, inovação e difusão tecnológica, desenvolvido por Kwon e Zmud (1987) e posteriormente adaptado por Zmud e Apple (1989). Tal modelo propõe 6 fases para o processo de implementação e é sustentado pela teoria de mudança organizacional de Lewin (1952). As etapas definidas por esse modelo são: iniciação, adoção, adaptação, aceitação , rotinização e incorporação (*infusion*).

a) Iniciação: Processo através do qual os problemas da organização e as possibilidades da TI são examinados até que se localize uma possibilidade de aplicação da TI como solução de um problema organizacional. Corresponde à etapa de início do modelo tradicional de ciclo de vida apresentado.

b) Adoção: Processo de negociação entre os interessados na empresa que termina com a aprovação do projeto de implementação e dos investimentos necessários.

c) Adaptação: São todos os processos através dos quais a aplicação de TI é desenvolvida, instalada e manutenida. Nessa etapa os procedimentos organizacionais são revistos e os usuários são treinados tanto nos novos procedimentos como no uso da TI. Como resultado essa etapa a aplicação está disponível para o uso na empresa.

d) Aceitação: Processo através do qual os usuários são induzidos a se comprometerem com o uso da aplicação, e ela torna-se empregada nos processos organizacionais.

e) Rotinização: Processo através do qual o uso da aplicação é encorajado como uma atividade do dia-a-dia, deixando de ser responsabilidade do departamento de TI e de ser percebida como alguma coisa extraordinária.

f) Incorporação: Processo através do qual a efetividade e eficiência organizacional são finalmente ampliadas pelo uso da TI. Através desse processo, obtêm-se o total potencial da tecnologia implementada.

Note-se que na proposta deste trabalho o termo implementação refere-se a uma das etapas do processo, enquanto que os autores denominam implementação o processo que vai desde o reconhecimento de que existe um problema organizacional, passa pelas etapas de projeto, desenho e desenvolvimento de uma solução de TI para esse problema e vai até o ponto em que através da TI obtêm-se ganhos de eficiência e eficácia organizacional. Lai e Mahapatra (1997) denominam esse processo de transferência completa de TI.

Buscando observar o que foi pesquisado referente ao processo de Gestão de Mudança e as necessidades relatadas, a metodologia prevê um trabalho muito forte voltado a Gestão de Mudanças, onde o processo de Comunicação é planejado e trabalhado de forma intensa ao longo de todo o projeto. A seguir, são destacados alguns pontos considerados durante o processo de Gestão de Mudança e Comunicação:

a) Planejamento e Análise dos *Stakeholders* (principais envolvidos ou afetados pelos resultados do projeto);

b) Planejamento dos Envolvidos e Definição dos Critérios de Seleção;

c) Planejamento e Elaboração dos Canais e Instrumentos necessários para comunicar os *stakeholders* avaliados durante o planejamento do projeto;

d) Realização de um Workshop de Criação da Identidade do Projeto como forma de envolver as pessoas desde o início do projeto, buscando um maior comprometimento destas;

e) Realização de um *Kick Off* do Projeto Apresentando as principais estratégias definidas para todos os *stakeholders* elencados;

f) Definição de uma Estrutura Organizacional com o Envolvimento da Área de Recursos Humanos e Comunicação da Organização;

g) Inclusão dos Responsáveis pela Gestão de Mudanças e Comunicação, nas reuniões Diretivas do Projeto;

h) Definição de um Quadro considerando a necessidade de alocação das pessoas por cada etapa do projeto, buscando viabilizar um melhor planejamento das férias de cada pessoa envolvida;

i) Realização de um *Workshop* de Transição de Etapa, para deixar claro os resultados obtidos durante a etapa que se encerrou e dando visibilidade a todos a respeito do que vem pela frente;

j) Definição de uma política de bonificação para os *stakeholders*.

## 5.4 VALIDAÇÃO DA METODOLOGIA PROPOSTA

A metodologia de implantação proposta foi validada através da aplicação nos três projetos que foram citados neste estudo e que serviram como base para análise e observação da efetividade da proposta de abordagem.

A partir da proposta desta e principalmente em função da análise de viabilidade no que diz respeito a sua aplicação e constatação dos resultados, foi adotada por uma empresa do Sul do Brasil que trabalha com consultoria de implantação de ERPs, parceira da americana Oracle, uma das maiores empresas de ERP do mundo.

A partir de sua concepção, já foi aplicada em mais de dez projetos de implantação de ERP em empresas de grande porte e de diversos segmentos, e contribuiu para que a empresa ganhasse destaque no mercado, justamente pelo seu método de implantação e a sua proposta de abordagem para os projetos de implantação dos Sistemas de Gestão Integrados.

A partir deste ponto, serão realizados relatos a respeito da forma como esta foi implantada nas empresas pesquisadas, e de quais os resultados observados nos casos avaliados. A abordagem será realizada por etapas: anteriormente, foi apresentado o objetivo de cada etapa da metodologia. A partir deste ponto, serão relembradas as etapas, e será realizada uma análise de como ocorreram tais etapas nos casos estudados, através de exposições e relatos coletados.

## 5.4.1 Planejamento preliminar

Na empresa A, esta etapa foi realizada basicamente pela equipe de Informática da organização e pela Consultoria de implantação. Na empresa B e na Empresa C, houve uma forte preocupação por parte das empresas, juntamente com a Consultoria responsável pela implantação do ERP, de elaborar um planejamento envolvendo também representantes das áreas de Negócio.

Antes de iniciar o projeto, foi apresentada a metodologia de implantação aos gerentes designados para conduzi-los nas empresas pesquisadas. Após a apresentação aos gerentes e patrocinadores do projeto, foi solicitado que as Áreas de Recursos Humanos e Marketing/Comunicação das empresas fossem envolvidas no projeto. Em um primeiro momento, as duas áreas foram envolvidas para assistirem a apresentação da metodologia e entenderem onde poderiam ser envolvidas no projeto. O envolvimento de ambas as áreas foi justamente no processo de apoio à gestão da mudança.

Várias iniciativas foram tomadas no sentido de conduzir o processo de internalização do ERP, buscando reduzir o efeito da resistência à mudança nas áreas e, conseqüentemente, nas pessoas da organização. A seguir, serão detalhadas as ações preliminares, planejadas no início do projeto para trabalhar este processo.

Uma importante ação, tomada já no início do projeto, foi o cuidado especial no sentido de mapear quem seriam os principais envolvidos e afetados pelo ERP. A partir deste diagnóstico, buscou-se identificar quais os interesses destes intervenientes no projeto, e a partir daí, neutralizar os que tinham interesses incompatíveis com o projeto.

A partir desta seleção, foi planejado um evento que antecedeu o lançamento oficial do projeto: um *Workshop* de criação da identidade do projeto. Para este workshop, planejado e realizado pela equipe de Consultoria juntamente com RH e Áreas de Marketing/Comunicação, foram convocadas as pessoas mapeadas como potenciais componentes da equipe do projeto. Neste workshop, foram apresentadas os motivadores para o projeto, explicado o porquê do projeto, principais benefícios, dentre outras coisas. Durante o workshop, foi passado um vídeo e em seguida, foi feita uma divisão das equipes mesclando as pessoas das diferentes áreas de negócio. Em seguida foi realizada uma dinâmica, onde foi passado um filme e em seguida uma analogia com o projeto de ERP e as funções e perfis necessários ao projeto.

O objetivo da dinâmica era fazer com que os envolvidos identificassem e elencassem quais os perfis e requisitos necessários para um usuário chave. Ao término da dinâmica, foram identificados, segundo a equipe, qual o perfil, bem como requisitos que as diversas funções que passariam a constituir a equipe do projeto, deveriam apresentar. A idéia era fazer com que, através do envolvimento das pessoas na definição dos papéis necessários ao projeto, bem como da captação dos requisitos que, aos olhos da equipe seriam necessários a cada função, se buscasse um maior envolvimento e comprometimento, posto que as pessoas ali presentes e que fizeram tais definições, seriam as pessoas selecionadas para assumir e desempenhar tais funções no projeto.

Em seguida, as pessoas ali presentes foram convidadas a batizar o projeto, criando um nome, que seria parte da identidade visual deste, e que seria utilizada mais tarde como um forte símbolo para o processo de internalização do ERP na organização. O resultado obtido a partir do envolvimento das pessoas foi bastante interessante, pois, ao serem convidados a explicar o porquê dos nomes sugeridos, algumas das pessoas chegaram a se emocionar ao falar que precisavam mudar e que estavam vendo no projeto uma ótima oportunidade para tais mudanças. A partir das diversas idéias identidade sugeridas pelos grupos, foi realizada uma votação, e os presentes elegeram a identidade do projeto.

Uma vez definida a identidade do projeto, foram criados os instrumentos necessários a sua divulgação interna, bem como definidos os canais, tomando por base os principais envolvidos, que foram identificados anteriormente em conjunto com a Área de RH. Estas pessoas receberam uma convocação para participar do Evento de Lançamento do Projeto, onde seria fornecida, pela primeira vez, uma visão das principais estratégias definidas para o projeto.

Houve algumas diferenças na etapa de planejamento do projeto de implantação de ERP da empresa A para as empresas B e C: Na empresa A, o planejamento do projeto ficou limitado a Equipe de Informática e Consultoria, não tendo sido realizado o mapeamento dos principais envolvidos, a análise dos interesses destes no projeto, a identificação dos potenciais focos de resistência, a identificação dos instrumentos e canais adequados para levar a mensagem do projeto às pessoas que sofreriam o impacto com o processo de implantação do ERP. Como resultado, na empresa A, o que ocorreu durante o processo de implantação e após a mudança do atual sistema para o ERP implantado, foi um grande processo de resistência por parte das pessoas e áreas envolvidas, resultando em grandes embates, enfrentamentos entre equipes, demissões, inclusive de pessoas que já estavam há mais de 10 anos na empresa, paradas e retomadas no projeto e, conseqüentemente, um atraso significativo no cronograma de implantação, com impacto na restrição tripla do projeto (tempo, custo, escopo). Todas estas outras situações serviram como aprendizado, foram aplicadas, testadas e validadas nas empresas B e C, e constituíram a base para alicerçar a metodologia que está sendo proposta neste trabalho.

## 5.4.2 Disponibilização do ambiente

Para esta etapa, nos três casos estudados, houve um planejamento adequado e a execução ocorreu conforme o planejamento realizado. As três empresas analisadas passaram por esta etapa sem enfrentar maiores problemas.

## 5.4.3 Lançamento do projeto

A etapa de lançamento do projeto é fundamental para o sucesso do projeto, dentro da metodologia proposta, pois esta etapa é o primeiro grande momento de comunicação e mobilização das pessoas envolvidas no projeto. Para que a mensagem seja passada de forma adequada e as pessoas saiam com a visão desejada a respeito do projeto, é necessário que se leve em consideração o que é proposta na etapa de Planejamento Preliminar, descrita anteriormente.

Nas empresas B e C, o evento de lançamento oficial do projeto foi realizado com grande sucesso. No planejamento do evento, foram envolvidos além do Gerente de Projeto, as Áreas de Comunicação/Marketing, a Área de Recursos Humanos e um Consultor Especialista em Gestão de Mudanças.

Dentro da metodologia proposta, este evento é um marco, posto que divide as etapas de planejamento e execução do projeto e, por este motivo, recebeu especial atenção do grupo de planejamento.

Para o evento de lançamento, além dos executivos responsáveis pela condução da organização, e suas principais lideranças, foram convocadas as principais pessoas a serem envolvidas e afetas pelos resultados do projeto, de todas as áreas das empresas em questão.

Após a definição e convocação de quem deveria estar participando, foi iniciado o processo de preparação da apresentação e adequação da mensagem a ser passada para o público, bem como dos instrumentos de comunicação necessários ao evento. Na apresentação o Gerente do Projeto foi apresentado e autorizado perante a todos pelo patrocinador do projeto, que nos três casos eram os presidentes das empresas que passaram ao público presente, além de falar sobre a importância do projeto, uma visão de que cada uma das pessoas ali presentes foi escolhida "a dedo" e seriam absolutamente fundamentais para o sucesso do projeto. Que as pessoas que ali estavam eram as pessoas nas quais ele estava confiando um projeto que seria um marco para o processo de expansão da organização e que ele sabia da capacidade de cada um. Que para o sucesso deste projeto, estava designando uma pessoa da própria empresa para Gerenciar o Projeto, juntamente com a empresa de Consultoria e que pediria a todos o empenho, envolvimento e participação neste projeto que era estratégico e prioritário para a organização.

O discurso do Patrocinador, orientado pelo grupo de planejamento e alinhado aos propósitos do projeto, tinham dois fortes propósitos: abrir as portas para a Gerência do Projeto e Consultoria iniciarem os trabalhos, dando o respaldo necessário à execução das atividades, preparar as pessoas para o processo de mudanças e motivá-las a participar do projeto, buscando o seu envolvimento e comprometimento.

A partir do discurso do Patrocinador, o Gerente do Projeto, devidamente empossado e autorizado, teve como missão explicar e justificar o porquê do projeto, os principais motivadores para o projeto, os principais benefícios que este estariam sendo trazidos para toda a empresa, os processos que estariam sendo contemplados no escopo do projeto, a estrutura organizacional definida para o projeto e o time de execução, com suas devidas responsabilidades, os critérios de seleção da equipe do projeto, a apresentação do produto e fornecedores escolhidos com a justificativa da escolha e a apresentação da identidade do projeto.

É fundamental para o sucesso do projeto e para minimização do processo de resistência a mudança, os motivadores e as principais premissas, bem como a escolha do ERP e da Consultoria de implantação seja feita de forma clara e muito bem fundamentada. Apesar se ser um projeto que tem em seu escopo, a implantação de uma ferramenta tecnológica, nas empresas B e C, todos os principais motivadores para o projeto diziam respeito às necessidades do negócio. Na empresa A não houve esta preocupação. Como conseqüência, a empresa entendeu como sendo um projeto de Informática e, assumindo isso como premissa, associado à forma como este veio a ser conduzido, as pessoas automaticamente passaram a enxergam o projeto como uma troca de sistema, o que levou a vários questionamentos do tipo: "por que trocar se o sistema atual atende a minha área?". A partir daí, as pessoas da empresa A passaram a criar várias resistências quanto ao que entenderam que seria uma troca se sistemas e também reduziram a prioridade ao projeto, o que é algo fundamental a um projeto de implantação de ERP. Na empresa B e C, o que se verificou foi exatamente o inverso: pessoas que entenderam exatamente que a empresa estava precisando mudar. A postura delas foi compatível com o que se esperava e a reação à mudança menor que na Empresa A, o que permitiu que a condução do projeto, no que diz respeito a este fator, tenha sido menos turbulenta.

Quanto à questão da apresentação da estrutura organizacional, foi um dos momentos mais esperados do evento de lançamento. As pessoas esperavam ver a posição que outros colegas de trabalho estariam ocupando no projeto e que os outros também vissem que elas estariam ganhando uma função importante no projeto. A idéia de constituir e apresentar no evento de lançamento a estrutura organizacional do projeto, era exatamente essa: valorizar as pessoas envolvidas e dizer que elas estavam envolvidas, portanto, responsáveis por algumas situações dentro do projeto, buscando assim dividir a carga de responsabilidade e aumentar o fator comprometimento nestas. Por outro lado, a apresentação dos critérios considerados para a seleção dos envolvidos, buscava esclarecer que todos que ali estavam, foram alocados por mérito e por terem as competências, naquele momento, necessárias à organização e ao projeto.

Na empresa B, houve um fato interessante, que merece ser destacado. O Gerente designado pela empresa para o projeto, foi preparado para apresentar o objetivo e as principais estratégias a serem atingidas com o projeto, passando com clareza a todos os envolvidos, uma clara visão de como o projeto estaria sendo implantado na organização. Antes da apresentação ao público, houve um momento de validação desta, junto ao Patrocinador do projeto dentro da empresa. O patrocinador, ao ver a apresentação e assistir o vídeo que seria passado no Evento de Lançamento do Projeto, que trazia os "melhores momentos" do evento de criação da identidade do projeto, no qual participaram grande parte das pessoas que estariam também no evento de lançamento, fez o seguinte comentário: "...a apresentação está muito boa e o vídeo ficou muito interessante. Mas a música de fundo – a trilha sonora – está muito devagar. Eu gostaria que fosse colocada algo mais dinâmico, com um ritmo mais acelerado, pois é isso o que eu espero do projeto e é essa a idéia que eu gostaria de passar a todos...". A trilha foi trocada e o vídeo ajustado para o lançamento.

Ao término do evento de lançamento, após as palavras do patrocinador, e apresentação do projeto realizada pelo Gerente Designado, um fato inusitado. O Presidente da empresa, que era um homem de poucas palavras e muito reservado, e que não quis participar da "cerimônia do evento", pediu a palavra. Todos ficaram surpresos com o fato. Ele dirigiu-se até a frente e em poucas palavras e de forma objetiva, disse: "...este é um projeto fadado ao sucesso. Poucas vezes na organização, eu pude perceber a preocupação por parte de uma equipe de planejamento em buscar o envolvimento dos nossos colaboradores, bem como de trazer o nível de esclarecimento necessário aos envolvidos. Isso me faz crer que o projeto será exatamente assim: bem planejado, organizado e bem executado! Um sucesso! Parabéns a equipe de planejamento e a todos os que já participaram até aqui! Que os demais, ao serem envolvidos, mantenham este mesmo espírito...". Em seguida, mandou um E-Mail ao Gerente do Projeto, cumprimentando-o e dando os parabéns pelo Planejamento do Projeto. O gerente do projeto ao relatar a situação, estava emocionado, e disse: "até então, poucas vezes tinha recebido uma palavra do presidente. Receber os parabéns e o reconhecimento pelo trabalho, foi algo muito engrandecedor...". A partir daquele momento, o Gerente do Projeto estava não só envolvido, mas absolutamente comprometido com o projeto e seus resultados. Os resultados obtidos, apenas foram possíveis através da metodologia, que previu cada uma das situações trabalhadas: desde quem deveria ser envolvido, até a preparação da mensagem e da forma como o Gerente de Projeto deveria passar a mensagem do projeto.

## 5.4.4 Requerimentos de negócio

A fim de garantir que a efetividade dos trabalhos a serem executados no projeto, a abertura desta etapa e de todas as demais se dá com um evento de comunicação: um "workshop de abertura da etapa".

Neste Workshop é identificado o momento exato da metodologia e do projeto pela qual a equipe estará passando, são apresentados os objetivos gerais e específicos bem como os resultados esperados para a etapa. Nos eventos, também são identificadas e passadas em público, as principais atividades a serem executadas e as responsabilidades dos envolvidos quanto à execução e aos produtos a serem entregues.

Quanto aos produtos a serem entregues, estes eventos são fundamentais para o sucesso da metodologia, pois na abertura de cada etapa são realinhadas as expectativas passadas no evento de lançamento do projeto. Além de dizer o que vai ser, nestes eventos de comunicação, também deve ser dito claramente o que não vai ser feito ou contemplado pela etapa. O alinhamento de expectativas é importante para que se evite as frustrações dos envolvidos quanto aos produtos resultantes de cada etapa e do produto que é o objeto de busca através da implantação do projeto. Quanto mais as pessoas conhecem e estão alinhadas com o projeto, menor tendem a ser as frustrações e, portanto, a resistência ao uso dos produtos em questão.

No caso da Empresa A, os eventos de Comunicação foram introduzidos no projeto durante a sua execução, após um grande desgaste gerado na primeira fase do projeto, principalmente em função de ruídos resultantes da falta de conhecimento do projeto e das expectativas das pessoas das áreas estarem, muitas vezes, desalinhadas com as expectativas do patrocinador do projeto, da organização e do projeto em si.

Uma situação que ocorreu nesta etapa, que é uma etapa de levantamento dos requisitos necessários ao negócio, é que ao serem entrevistadas, as pessoas da Empresa A estavam passando aos consultores, por falta de clareza, a forma como elas gostariam trabalhavam e, consequentemente, como gostariam que o sistema trabalhasse. No entanto, é sabido que os ERPs não são 100% aderentes as necessidades de negócios de todas as empresas. É sabido também, que para a organização ter os resultados esperados, muitas vezes algumas áreas perderão, em um primeiro momento, inteligências desenvolvidas ao longo do tempo de uso da ferramenta antiga. Outras áreas, serão beneficiadas. A partir do momento que as pessoas diziam como elas gostariam de trabalhar, criava-se uma expectativa de que o ERP faria exatamente tudo o que elas gostariam e que este se adequaria como uma luva às necessidades da pessoa e da área em questão. Isso gerou um grande desconforto, quando as pessoas começaram a ver que muitos dos seus "desejos" não estavam sendo atendidos a medida em que o ERP ia se materializando.

Nas empresas B e C, houve uma preocupação de trazer um esclarecimento básico a esta etapa: que na etapa de Requerimentos, as atividades não são de levantamentos da forma como as pessoas trabalham, mas dos requisitos necessários ao negócio da organização, que eram compreendidos por cada área desta. Apesar de parecer pequena, existe uma grande diferença entre perguntar "como se trabalha?" e "quais os requisitos necessários ao negócio?". Quando ocorre a primeira pergunta, automaticamente é aberta uma porta enorme para que as pessoas criem uma expectativa quanto ao atendimento de todos os seus desejos. Cada vez que um deles não for atendido pelo ERP, haverá alguém descontente com a ferramenta. Como isso é percebido durante o projeto, um possível foco de resistência pode nascer.

Como resultado deste trabalho de esclarecimento, nas Empresas B e C, apesar do descontentamento de algumas pessoas, foi deixado claro que aquela etapa não buscava atender todos os "desejos" guardados na gaveta, mas sim captar os requisitos da organização que deveriam ser atendidos pelo ERP. Ao término da etapa, os resultados planejados foram obtidos.

5.4.5 Capacitação do usuário-chave e arquitetura da solução

As Etapas de Capacitação dos Usuários Chaves e de Arquitetura da Solução são marcos dentro da metodologia, em função do que representam para o projeto. Nestas etapas são treinados os Usuários Chaves que participarão da implantação do ERP e definidas as soluções para atendimento das demandas da organização.

Como forma de promover o processo de envolvimento dos usuários e minimização da reação à mudança, estas etapas foram arquitetadas prevendo uma participação ativa das pessoas que foram designadas para atuarem como usuários chaves no projeto de implantação do ERP.

A etapa prevê que os usuários chaves receberão treinamento para conseguirem participar da etapa de Arquitetura da Solução onde, com o conhecimento das funcionalidades e possibilidades do aplicativo, em conjunto com os Consultores, os usuários pudessem desenhar a forma como o ERP deveria ser parametrizado para atender as necessidades do negócio. A idéia com este envolvimento, é de que os usuários apoiem fortemente no processo interno de venda das soluções definidas para o ERP, para o atendimento às áreas e sejam a primeira barreira de contenção das críticas e questionamentos, saindo em defesa do projeto.

Na empresa A, houve o envolvimento dos Usuários Chaves para aprender a utilizar o módulo, mas sem o compromisso destes, de serem os responsáveis, juntamente com a equipe de consultoria, pela arquitetura da solução. Como resultado, muitas críticas às soluções definidas eram realizadas por parte dos usuários. Muitas vezes, aos consultores, os argumentos para a defesa das soluções arquitetadas eram insuficientes e não conseguiam conformar os usuários.

Nas empresas B e C, no evento de comunicação de abertura da etapa, foi deixado claro que os usuários estariam sendo preparados para participarem da etapa de Arquitetura da Solução, definindo as soluções em conjunto com os consultores. Como resultado, o processo foi bastante positivo. As pessoas, pelo fato de terem sido envolvidas no processo de definição das soluções para as diversas áreas da organização, sentiam-se comprometidas e dispostas a colaborar com os propósitos do projeto.

A etapa de Arquitetura de Solução possui um ponto crítico no processo de implantação do ERP: é nela que começam a aparecer as não aderências do ERP aos processos de negócio, dando origem à relação de customizações, ou seja, programas para atender as necessidades específicas da organização, que não podem ser atendidas de forma nativa pelo ERP.

Nesta etapa, pode-se perceber nos 3 casos pesquisados, que houve grande resistência quando este processo de observação das não aderências começou a aparecer. No entanto, nas Empresas B e C, em função da estratégia definida para o processo de capacitação, a reação foi menor, posto que as próprias pessoas da organização, devidamente treinadas, participaram do processo de análise de não aderências e arquitetura da solução, propondo inclusive as customizações, o que fez uma grande diferença na hora de vender internamente as soluções. Não era alguém de fora que estava propondo as soluções, mas alguém de dentro da empresa, que conhecia muito bem o negócio e passou a conhecer o ERP, suas funcionalidades, potencialidades e limitações.

5.4.6 Planejamento fino

A Etapa de Planejamento Fino, que prevê os diversos ajustes necessários ao projeto e a readequação das estratégias inicialmente definidas para atingir os objetivos e metas traçadas, ocorreu nas três etapas, dentro da normalidade.

Tanto na empresa A, como na B e na C, houve uma revisão geral das estratégias e prazos inicialmente definidos/estimados, face aos novos cenários decorrentes da alteração de premissas, conhecimento de novas restrições e alterações no escopo inicial do projeto. Nos três casos, foi necessário rever os prazos para implantação do ERP.

Houve uma preocupação da equipe de gerenciamento do projeto em convocar um evento de comunicação para posicionar os principais envolvidos no projeto, apoiados pelo patrocinador, sobre o que havia sido inicialmente planejado e também sobre como se deu o processo de tomada de decisão sobre as alterações no planejamento. Toda a argumentação foi sustentada em fatos que eram incontestáveis por parte das pessoas envolvidas. O processo de entendimento e aceitação do plano realinhado foi aceito com naturalidade pelos envolvidos.

5.4.7 Operacionalização

O processo de Operacionalização também tem um forte propósito dentro da metodologia proposta. Uma vez reconhecidos os requisitos necessários ao negócio, com os usuários treinados na nova ferramenta, conhecedores das possibilidades e limitações do aplicativo, planejadas as soluções para atender as necessidades do negócio, e identificadas e trabalhadas as não aderências do ERP ao negócio, chega o momento de iniciar o processo de parametrização do ERP.

Para o processo de parametrização do aplicativo, as pessoas designadas para assumir a função de Usuário Chave, começam a trabalhar no ERP, o processo de atendimento as necessidades de negócio. Em muitas metodologias, percebe-se que esta etapa é assumida e conduzida integralmente pela consultoria de implantação.

O processo de mudança ocorre durante todo o projeto. No entanto, percebe-se que a grande mudança é percebida quando o produto ou serviço do projeto é disponibiizado para "a grande massa" da organização. Este marco é exatamente o "Go Live" do Projeto, o momento em que o ERP entra em produção, sendo disponibilizado para toda a organização.

Buscando trabalhar o efeito da grande mudança que é disparada neste momento, esta metodologia propõe que a Etapa de Operacionalização do Projeto ocorra de um modo diferente. A proposta é que a Etapa seja assumida e conduzida integralmente pelos Usuários Chaves, com o apoio da equipe de Consultoria.

A idéia de promover o envolvimento dos usuários chaves nesta etapa, na condução do processo de parametrização do ERP, é de capacitar as pessoas envolvidas da organização, para que passem de fato a conhecer o ERP, permitindo que estas possam ganhar autonomia e segurança para assumir a operação após a implantação do ERP, criando condições para que passe a se tornar independente da Consultoria de Implantação ao término do projeto.

Nos 3 casos avaliados, pode-se perceber que o processo de envolvimento dos usuários chaves no processo de parametrização do aplicativo foi fundamental para que estes conseguissem adquirir a confiança e a segurança necessária ao processo de entrada em produção do novo aplicativo. Pode-se perceber também, que as empresas levaram em média 3 meses para conseguir atuar sem a presença da Consultoria de Implantação.

5.4.8 Execução de cargas

A Etapa de Execução das Cargas ocorreu conforme o planejado nos 3 casos pesquisados. Esta metodologia propõe que, para o sucesso desta etapa, deve-se mapear todas as áreas a serem envolvidas e esclarecer a todos sobre a complexidade e o risco que existe no processo de cargas, e a respeito da necessidade do envolvimento de todas as áreas que serão impactadas por eventuais problemas decorrentes de falhas neste processo.

5.4.9 Capacitação dos usuários finais

A Etapa de Capacitação dos Usuários Finais, é o momento de levar ao grande público da organização, a solução arquitetada para atender as necessidades de negócio da organização.

Nesta etapa buscando trabalhar o efeito da mudança, a metodologia propões que os treinamentos não sejam trabalhados pela empresa de consultoria, mas que, durante o projeto, sejam formadas pessoas da empresa, para atuarem como multiplicadoras que terão a função de esclarecer para o grande público, as novas soluções arquitetadas e a forma como estas deverão fazer, a partir da entrada da ferramenta em produção, para executar os processos que até então eram trabalhados no sistema anterior.

A razão de não se escolher a empresa de consultoria, mas pessoas da organização para treinar o público, é que os primeiros, muitas vezes, não conhecem a realidade do campo, tendo dificuldades de passar exemplos do dia-a-dia, fato este que é superado pelos multiplicadores.

Além disso, existe o efeito segurança e confiança que é criado no ambiente, a partir do momento em que o público que está sendo instruído percebe que já existe um colega da própria área que também foi treinado, aprendeu e domina o aplicativo a ponto de estar treinando os demais colegas para o uso do aplicativo.

Para o processo de treinamento, esta metodologia propõe que haja um forte envolvimento da Área de Recursos Humanos da empresa que está recebendo a implantação, participando do processo de escolha e formação das pessoas que estarão trabalhando como multiplicadores, e de todo o processo de conscientização, necessário na organização, para o momento que antecede o treinamento.

Nos três casos avaliados, a estratégia de envolvimento da Área de Recursos Humanos para conduzir o processo de treinamento, selecionar e formar os multiplicadores foi fundamental para o sucesso do processo de treinamento. Os resultados obtidos foram bastante positivos. Os usuários foram treinados de forma adequada e os multiplicadores, que deveriam ter uma atuação pontual, ganharam destaque no projeto, passando a assumir funções de apoio durante e após o ERP entrar em produção.

5.4.10 Piloto

A etapa de piloto, é o grande momento de simulação da realidade da empresa sendo atendida pelo novo aplicativo. A idéia é fornecer a todos uma clara visão do que acontecerá na prática, quando o ERP entrar em produção.

Nos três casos analisados a etapa de Piloto atingiu os resultados planejados, trazendo valiosas informações necessárias aos ajustes das soluções definidas. Esta metodologia propõe, que haja um envolvimento de todas as áreas que participarão diretamente ou que serão afetadas pelo processo de mudança que ocorrerá com a entrada do novo ERP, para conhecer e apoiar na validação das soluções arquitetadas para o atendimento as necessidades da empresa.

5.4.11 Entrada em produção

Notas-se que esta é uma das mais desafiadoras de um projeto de implantação de ERP. É comum acontecerem grandes problemas de toda natureza, situações de conflito, entre os usuários chave com a equipe de consultoria, e destes com as áreas usuárias.

No entanto, esta metodologia observa que esta etapa é o grande centro de convergência de tudo o que ocorreu ou deixou de ocorrer em todas as outras etapas anteriores. Imaginando uma grande espiral, o início desta espiral seria a etapa de planejamento preliminar e o centro, seria a entrada em produção. Em uma implantação de ERP, existe um processo cumulativo, onde todos os erros e acertos vão refletindo nas etapas posteriores do projeto, convergindo para a etapa de entrada em produção, conforme demonstrado na figura sete.

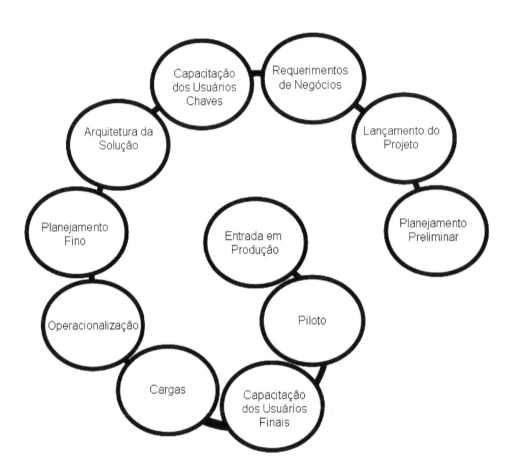

Figura 7 - Representação em espiral da metodologia proposta por Paes
Fonte: elaborada por Paes (2007)

A qualidade do produto resultante ao término do projeto é diretamente proporcional à capacidade de planejamento e execução da equipe do projeto. As deficiências técnicas do processo de implantação, caso não sejam trabalhadas de forma adequada, ou fiquem mascaradas durante o andamento do projeto, serão reveladas no momento em que o projeto entrar em produção, ou com a proximidade desta etapa.

Da mesma forma o processo de mudança organizacional disparado com a implantação do ERP. Quanto menor for o envolvimento das pessoas durante todo o projeto, maior tenderá a ser a resistência quando chegar a hora de entregar o produto resultante do projeto, que irá provocar mudanças no dia-a-dia ao qual estas já estavam habituadas e seguras, por já conhecerem e aturem há bastante tempo na organização.

Nos casos avaliados, na Empresa A, o processo de entrada em produção apresentou maior complexidade em função das pessoas terem sido envolvidas no projeto apenas nas etapas finais, o que fez com que, em muitas áreas da organização, houvessem problemas principalmente de questionamento quanto ao porquê de certas soluções terem sido definidas da forma como foram, quem definiu tais soluções e colocando em xeque a efetividade das soluções para a empresa. Avaliando a questão, pode-se perceber que estes questionamentos vieram principalmente por parte das pessoas que não haviam sido envolvidas de forma efetiva em nenhuma etapa do projeto. Após a entrada em produção, um fato interessante: estas mesmas pessoas procuraram associar deficiências dos processos de negócio ao ERP implantado, o que mais tarde conseguiu-se provar que, parte dos casos, não era verdade. Na prática, as pessoas tentaram utilizar o fato de não terem sido envolvidas, e de não terem participado da definição das soluções, como uma "muleta" para justificar suas deficiências.

Nas empresas B e C, a situação observada foi diferente. O processo de entrada em produção do ERP, que sempre é complexo, também teve seus problemas. No entanto, a maior parte dos problemas, eram de natureza técnica e não estavam relacionados diretamente ao processo de resistência. Para minimizar um eventual trauma com a mudança da ferramenta e dos processos, a metodologia propõe que nesta etapa seja criado um plano de entrada em produção, que seja distribuído a todas as áreas envolvidas ou afetadas pelo processo, comunicando e esclarecendo o processo de entrada em produção, bem como os procedimentos necessários a este processo que deverão ser executados e observados pelas áreas em questão.

Esta metodologia propõe ainda, a criação de um comitê de apoio ao processo de entrada em produção para minimizar os riscos e viabilizar o processo de "virada" da nova ferramenta. A figura oito representa o comitê.

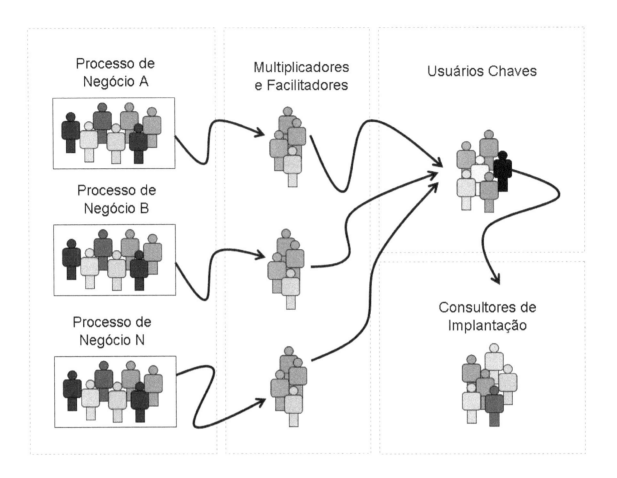

Figura 8 - Comitê de apoio à entrada em produção do ERP
Fonte: elaborada por Paes (2007)

A proposta é que seja planejada uma estrutura para suportar o processo de mudança de ferramenta. Desta estrutura, devem fazer parte os multiplicadores e facilitadores formados durante o projeto, para fornecer o primeiro nível de suporte aos usuários finais. Estas pessoas são as mesmas que treinaram os usuários finais e têm a função de identificar eventuais ocorrências relatadas do campo, diagnosticando se são problemas da solução arquitetada ou devidos ao uso indevido das funcionalidades do ERP, e reportar para os Usuários Chaves o que forem problemas.

Os usuários chaves, por sua vez, tem a função de captar as informações de campo e tentar resolver os problemas que estiverem ao seu alcance, passando aqueles os mais complexos para a equipe de consultoria.

A proposta é que a equipe de consultoria esteja liberada para focar nas soluções mais críticas, e que exigem um tempo de resposta imediato.

A estratégia proposta foi utilizada nas três empresas. Um importante resultado obtido, foi um melhor tempo de resposta para atender as situações reportadas de campo e um foco para atuar na solução do que de fato era problemas, posto que foi feito uma triagem do que eram problemas de treinamento dos problemas de parametrização do ERP, customizações, cadastros, etc.

Um outro fator importante foi a segurança e tranqüilidade passada para os usuários do novo aplicativo que tinham por perto para ap‾‾‾ ‾‾ esclarecimento de dúvidas após a entrada da nova ferramenta, as pes‍ foram os seus instrutores durante o processo de capacitação, nas qı passaram a confiar e com as quais elas se sentiam seguras.

## 6   CONCLUSÃO

Com o desenvolvimento deste trabalho, pode-se perceber que um projeto de implantação de ERP é extremamente complexo, pelo fato de disparar um forte processo de mudança na organização, mexendo com as pessoas, suas crenças, valores e comportamento e atitudes.

Pode-se verificar ainda, que os problemas mais difíceis de serem trabalhados em uma implantação, são os problemas que dizem respeito às pessoas, e que o grau de dificuldade gerado no processo de implantação está diretamente associado à forma como estas são trabalhadas durante o planejamento e execução do projeto.

As diversas teorias buscadas para fundamentar o trabalho, e que serviram como base para a elaboração da metodologia proposta, reconhecem e ressaltam a importância de promover o envolvimento das pessoas nos projetos de implantação e que existe uma relação entre o envolvimento das pessoas e o processo de resistência à mudança. As teorias nos permitem concluir que quanto maior é o envolvimento das pessoas, maior a tendência destas de estarem comprometidas com o projeto e seus resultados.

Nos casos analisados, através dos relatos e comparação dos resultados, pôde-se observar e concluir que a forma como é planejado o envolvimento das pessoas da organização no projeto, desde o momento da seleção, interesses no projeto, posicionamento, mensagem a ser transmitida, escolha dos canais e instrumentos mais efetivos para garantir que a mensagem do projeto chegará de forma clara e será absorvida de maneira adequada, até o processo de capacitação para o uso da ferramenta e preparação da organização para caminhar independente da Consultoria de Implantação após a entrada em produção, pode resultar em uma implantação mais ou menos traumática.

As mesmas teorias nas quais se buscou sustentação para a metodologia proposta neste trabalho, permitem chegar a conclusão de que a gestão da mudança é uma importante estratégia que pode ser utilizada para trabalhar o processo de resistência em implantação de ERPs, e que a Comunicação é uma poderosa ferramenta para minimizar o efeito da resistência a mudança.

Por fim, as teorias e autores pesquisados, e a observação dos sucessos e insucessos em projetos de implantação, permitem chegar a conclusão de que os problemas técnicos em projetos, quando ocorrem, com tempo e dinheiro pode-se chegar a uma solução; que os problemas de processos, quando ocorrem, podem ser resolvidos de maneira semelhante. No entanto, os problemas culturais, que envolvem as pessoas e a organização de um modo geral, quando ocorrem, podem não ser resolvidos durante o período de execução do projeto, podendo permanecer, inclusive, após a implantação do ERP, o que permite o autor deste trabalho afirmar, que é absolutamente necessário trabalhar o fator humano em projeto de implantação de ERP, como forma de minimizar os riscos de resistência à mudança e potencializar o alcance dos resultados planejados para o projeto.

Como recomendação para novos trabalhos, sugere-se que se desenvolva um trabalho de aplicação da metodologia aqui proposta, buscando identificar elementos que permitam mensurar e demonstrar os resultados obtidos, através de dados quantitativos e qualitativos.

Sugere-se ainda que se apresente um contraponto, a esta metodologia, buscando fornecer elementos que comprovem que é possível implementar, com bons resultados, um ERP sem levar em consideração a necessidade de se trabalhar o fator humano.

# REFERÊNCIAS BIBLIOGRÁFICAS

ALSÈNE, Éric. The computer integration of the enterprise. **IEEE Transactions on Engineering Management**, vol. 46, n. 1, 1999, pp. 26-35

APPLETON, Elaine L. How to survive ERP. **Datamation**, Mar, 1997.

ARANTES, Nélio. **Sistemas de gestão empresarial**: conceitos permanentes na administração de empresas válidas. 2 ed. São Paulo: Atlas, 1998.

BANCROFT, Nancy H., SEIP, Henning, SPRENGEL, Andrea. **Implementing SAP R/3**: how to introduce a large system into a large organization. 2 ed. Greenwich: Manning, 1998.

BENBASAT, Izak; GOLDSTEIN, David. K.; MEAD, Melissa. **The Case Research Strategy in Studies of Information Systems**. MIS Quarterly, set/1987, pp.369-386

BERGAMASCHI, Sidnei. **Um estudo sobre projetos de implementação de sistemas para gestão empresarial**. Dissertação de Mestrado. Faculdade de Economia e Administração, USP, São Paulo, 1999.

BIDO, Diógenes S. **Implementação de sistemas da qualidade para a busca de certificação em pequenas e médias empresas do ramo automotivo**. Dissertação de Mestrado. Faculdade de Economia e Administração, USP, São Paulo, 1999.

BINGI, Prasad; SHARMA, Maneesh K.; GODLA, Jayanth K. Critical issues affecting an ERP implementation. **Information Systems Management**, vol 16, no. 13, 1999, pp 7-14.

BOWDITCH, James L. BUONO, Anthony F. **Elementos de comportamento organizacional**. São Paulo: Pioneira, 2002.

BROOKS, Frederick P. Jr. No silver bullets. **Unix Review**, Agosto, 1987, p. 39-48.

BURCH, John G., GRUDNITSKI, Jarry. **Information systems**: theory and practice, 5 ed. New York: John Willey & Sons, 1989.

CARNEY, David. Assembling large systems from COTS components: Opportunities, cautions, and complexities. **SEI Monographs on the Use of Commercial Software in Government Systems**, 1998. Disponível em: http://www.sei.cmu. edu/cbs/papers/monographs/ assembling systems/assembling.systems.htm. Acesso em novembro 2006.

CASSARRO, Antonio Carlos. **Sistemas de informação para tomada de decisões**. 3 ed. São Paulo: Pioneira, 1999.

CHAMPY, James A. Preparando-se para a mudança organizacional. *In* HESSELBEIN, Frances, GOLDSMITH, Marshall e BECKHARD, Richard. **A organização do futuro**: Como preparar hoje as empresas de amanhã. São Paulo: Futura, 1997.

CHINELATO FILHO, João. **O&M integrado à Informática**. 9 ed. Rio de Janeiro: LTC, 1999.

COLANGELO FILHO, Lucio. **Implantação de Sistemas ERP** (Enterprise Resources Planning): um enfoque de longo prazo. São Paulo: Atlas, 2001.

COLE-GOMOLSKI, Barb. ERP! Excuse us as we digest our new system. **Computerworld**, 21/9/1998, p.100.

CORRÊA, Henrique L., GIANESI, Irineu G. N. **Just in time, MRP II e OPT**: um enfoque estratégico. São Paulo: Atlas, 1994.

CUNHA, M. P; REGO A. A hora da mudança. **Revista RAE Executivo**, v. 2, n. 1, p. 52-57, São Paulo: FGV, fev/abr 2003.

DAVENPORT, Thomas H. **Ecologia da informação**: porque só a tecnologia não basta para o sucesso na era da informação. 2 ed. São Paulo: Futura, 2000.

_____. Living with ERP. **CIO Magazine**, 01/12/1999.

_____. Putting the Enterprise into the Enterprise System. **Harvard Business Review**, Julho/Agosto,1998, p. 121-131.

_____. The new industrial engineering: Information technology and business process redesign. **Sloan Management Review**, Summer, 1990, p.11-27.

DAVIS, William S. **Análise e Projeto de Sistemas**: uma abordagem estruturada. Rio de Janeiro: LTC, 1994.

DELOITTE CONSULTING. ERP's Second Wave: Maximizing the Value of ERP Enabled Processes. **Relatório de pesquisa publicado pela Deloitte Consulting**, 1998.

DEMING, W. Edwards. **Qualidade**: a revolução da administração. Rio de Janeiro: Marques-Saraiva, 1990.

DIMITRIUS, Jo-Ellan, MAZZARELLA, Mark. **Decifrar pessoas**: Como entender e prever o comportamento humano. 23 ed. São Paulo: Elsevier, 2003.

DUBRIN, Andrew J. **Fundamentos do comportamento organizacional**. São Paulo: Pioneira Thomson Learning, 2003.

EINSENHARDT, Kathleen M. Building theory from case study research. **Academy of Management Review**, vol 14, no. 4, 1989, pp. 532-550.

FERREIRA, Ademir Antonio; REIS, Ana Carla Fonseca; PEREIRA, Maria Isabel. **Gestão empresarial**: de Taylor aos nossos dias. Evolução e tendências da moderna administração de empresas. São Paulo: Pioneira, 1997.

FREITAS, Maria Ester de. **Cultura organizacional**: formação, tipologias e impactos. São Paulo: Makron, McGraw Hill, 1991.

GARTNER GROUP. Pacotes de Aplicativos Empresariais: Em Busca de Limites. **Apostila da 3a Conferência Anual sobre O Futuro da Tecnologia da Informação**. São Paulo, Agosto, 1998.

GIBBS, W. Wayt. **Software's chronic crisis**. Scientific American, Setembro/1994, p. 72-81.

GODOY, Arilda S. Pesquisa qualitativa: tipos fundamentais. **Revista de Administração de Empresas / EAESP / FGV**, v. 35, n. 3, p.20-29, Maio/Junho 1995.

HECHT, Bradley. Chose the right ERP software. **Datamation**, Mar, 1997.

HICKS, Donald A. The ERP maze. **IIE Solutions**, Agosto 1995. p. 13-16.

JACOBS, F. Robert; WHYBARK, D. Clay. Why ERP? **A Primer on SAP Implementation**. Boston: McGraw-Hill, 2000.

JOHNSON, Rod. Riding the New ERP Consulting Wave. **Intelligent Enterprise**, 11/5/1999.

KANAANE, Roberto. **Comportamento humano nas organizações**: o homem rumo ao século XXI. São Paulo: Atlas, 1995.

KERZNER, Harold. **Project Management, a systems approach to planning, scheduling and controlling**, 2000.

KOTTER, J. P. **Liderando mudança**. 6 ed. Rio de Janeiro: Campus, 1997.

KOTTER, J. P; COHEN D. S. **O coração da mudança**. Rio de Janeiro: Campus, 2002.

LANGENWALTER, Gary A. **Enterprise resources planning and beyond integrating your entire organization**. New York: St. Lucie Press, 2000.

LAUDON, Kenneth C, LAUDON, Jane P. **Management Information Systems**, 4 ed. Upper Saddle River: Prentice Hall, 1996.

LAZZARINI, Sérgio G. Estudos de Caso: aplicabilidade e limitações do método para fins de pesquisa. **Economia & Empresa**, outubro/dezembro 1995, pp.17-26.

LEWIN, Kurt. Group decision and social change. In **Readings in social psychology**. New York: Henry and Holt Company, 1952, p.197-211.

LOZINSKY, Sérgio. **Software**: tecnologia do negócio. São Paulo: Imago, 1996.

LUCAS, Henry C. Jr. **The analysis, design and implementation of information systems**, 3 ed. New York: McGraw Hill, 1985.

MARTIN, James, MCCLURE, Carma. Buying software off the rack. **Harvard Business Review**, Novembro/Dezembro, 1983, p. 32-60.

OLIVEIRA, Djalma de Pinho Rebouças. **Sistemas, organização & métodos**: uma abordagem gerencial. 5 ed. São Paulo: Atlas, 1995.

REZENDE, Denis Alcides. **Engenharia de software e sistemas de informação**. 2 ed. Rio de Janeiro: Brasport, 2002.

REZENDE, Denis Alcides; ABREU, Aline França. **Tecnologia da Informação aplicada a sistemas de informação empresariais**. São Paulo: Atlas, 2000.

ROBBINS, Stephen P. **Administração**: mudanças e perspectivas. São Paulo: Saraiva, 2000.

_____. **Comportamento organizacional**. 9 ed. São Paulo: Prentice Hall, 2002.

SAVIANI, José Roberto. **O analista de negócios e da informação**: o perfil moderno de um profissional que utiliza a informática para alavancar os negócios empresariais. 3 ed. São Paulo: Atlas, 1996.

SCHEIN, Edgar H. **Organizational culture and leadership**. 2 ed. San Francisco: Jossey-Bass Publishers, 1992.

SELLTIZ, C., JAHODA, M., DEUTSCH, M., Cook, S. M. **Métodos de pesquisas das relações sociais**. São Paulo: Editora Herder, 1965.

STAIR, Ralph M. **Princípios de sistemas de informação: uma abordagem gerencial**. 2 ed. Rio de Janeiro: LTC, 1998.

STEDMAN, Craig ERP can magnify errors. **Computerworld**, 19/10/1998, p.14.

_____. ERP user interfaces drive workers nuts. **Computerworld**, 2/11/1998b, p.24.

STONER, James A. F., FREEMAN, R. Edward. **Administração**. 5 ed. Rio de Janeiro: Prentice Hall do Brasil, 1995.

STRAUSS, Anselm; CORBIN, Juliet . **Basics of qualitative research**. London: Sage Publications, 1990.

WOOD Jr., T.; CALDAS, M. P. **Stripping Big Brother: or spying the backstage behind the ERP phenomenon**. Trabalho submetido para apresentação no encontro anual da Academy of Management, Chicago, 1999.

YIN, Robert K. **Case study research**. Design and methods. London: Sage Publications, 1989.

# Apêndice 1 – Questionário Aplicado

## QUESTIONÁRIO

1. Como ocorreu o processo de implementação?

2. Quais as principais etapas da implementação previstas na metodologia aplicada?

3. Como foi planejado o processo?

4. Quais problemas ocorreram durante a implementação?

5. Foram encontradas resistências por parte das áreas? Por que ocorreram e qual o prejuízo para o projeto?

6. Foram desenvolvidas iniciativas para trabalhar o processo de Gestão da Mudança? Quais?

7. A Empresa já tinha participado de outra implantação? Na ocasião, havia sido aplicada alguma metodologia? Caso afirmativo, quais as principais diferenças percebidas entre as metodologias?

8. É possível relacionar uma redução nos problemas com uma abordagem orientada a gestão de mudanças?